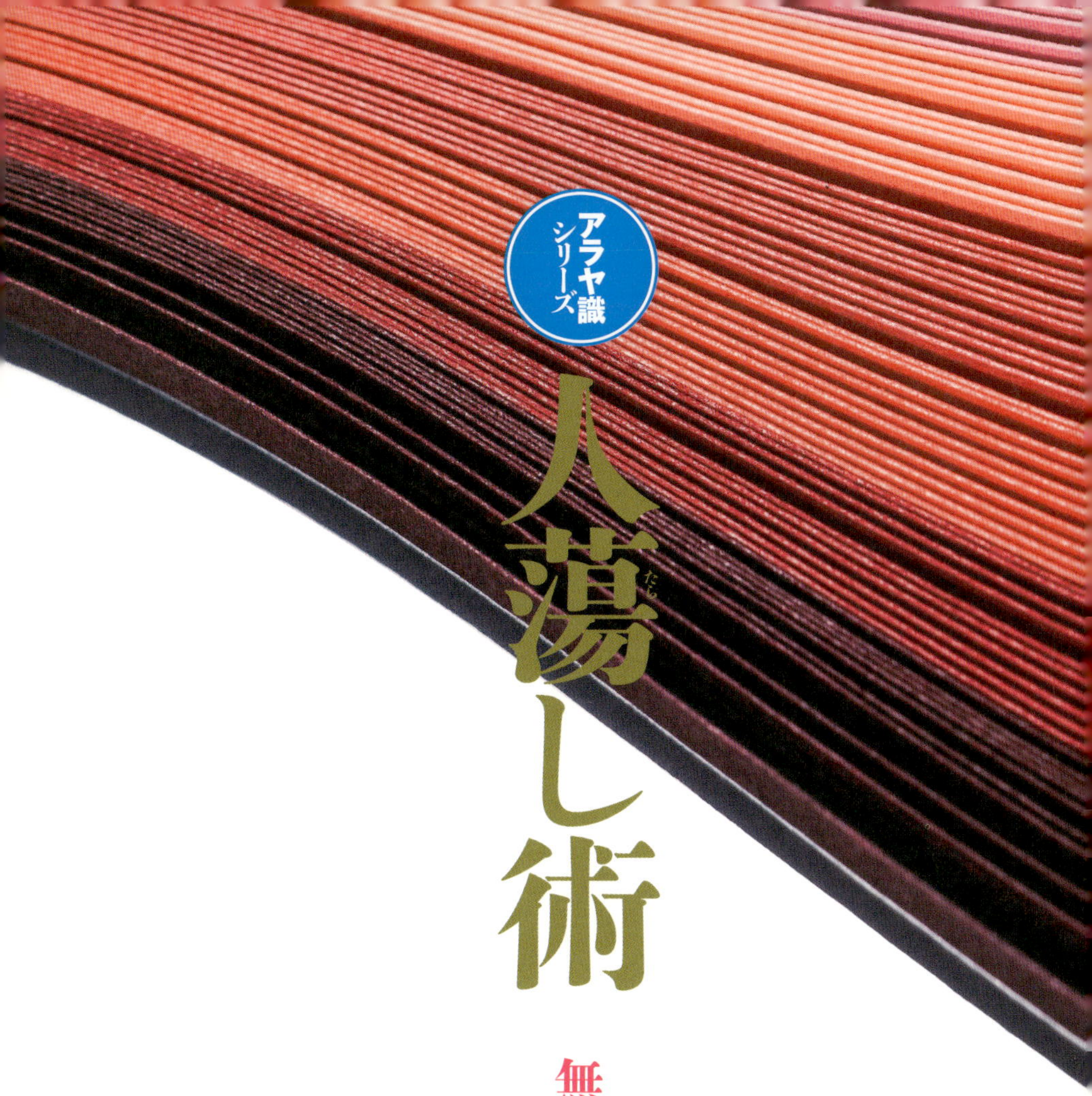

アラヤ識シリーズ

人蕩《たら》し術

無能唱元

日本経営合理化協会

まえがき

私が人蕩術《じんとうじゅつ》について本を書き始めてから、はや二十年になりました。

これまで、私が一貫して説きつづけてきたことは、人生における成功とは、自分の陣営に「いかにして良き味方を得られるか」にかかっている。他のすべては、瑣末《さまつ》（とるにたりないささいなこと）に過ぎないということです。

かつて、司馬遼太郎が太閤秀吉を巧《たく》みに人の心をとらえる「人蕩《ひとたら》しの天才」と言いましたが、水呑み百姓の子であった秀吉が、六十余州の敵将の心を捉《とら》えて天下を平定できたのは、まさに秀吉の「人蕩《ひとたら》しの力」であったといってよいでしょう。

そして、現代において無類の人蕩《ひとたら》しを一人あげるとするならば、ホンダを築いた本田宗一郎ではないでしょうか。氏は人心の機微《きび》というものを一瞬で察して、会う人会う人を自分の方へ魅《ひ》きこんでしまう絶妙の才がありました。それは宗一郎が亡くなった今でも伝説として語りつがれています。

ここで、みなさんに考えていただきたいのは、秀吉も本田宗一郎もズバ抜けて魅力的な人物ではありましたが、世間一般でいうところの優秀な人物ではなかったということです。

私たちは子供の頃から一生懸命勉強して賢い人になるよう教育され、本人も努力するのは当然のこととされています。しかし実際のところ、成功している人たちを見渡せば、そういった努力はまったく役に立たないとまでは申しませんが、それだけでは事足りない、もっと大事なことがあるのも事実です。

それは何かといえば、要するに、成功する人間は他の人間を友とし、味方となし得るが、成功できない人間は自分の周囲を敵や無関心者によって囲まれてしまうということでしょう。

当然なことに、あなたがこの世で何か事を為そうとしたとき、必ず他の人間と関わらざるを得ない。それは為そうとする事が大きくなればなるほど、他の人間の協力なしに成功できないのです。

このことは、そのまま事業経営にあてはまります。
経営者が思い描く夢や目標を現実のものとするには、経営者を支えてくれる部下たちの献身的な努力、協力なしには実現できません。

それ故に、本書『人蕩《ひとたら》し術《じゅつ》』は、読者に優秀な人物になるよう勧めるような本ではありません。本書の意とするところは、ただただ、あなたが人に好かれ、多くの人を味方とし、それをもって人生の幸福あるいは成功への一助としてもらいたい。そのための最良の手段を、「人蕩《ひとたら》し術《じゅつ》」として提唱するものです。

ところで、本書は、これまで私が書いてきた「人蕩術《じんとうじゅつ》」の集大成といえるものです。とくに本書をまとめるにあたって、経営者の方々に理解されやすいように、太閤秀吉と本田宗一郎の事例を新たに書き下ろし、以前出版した『人蕩術奥義《じんとうじゅつ》』『人蕩術極意《じんとうじゅつ》』『人蕩術皆伝《じんとうじゅつ》』(ともに致知出版社、絶版)の重要部分を抜き出して大幅に加筆訂正しました。

私としては、読者のみなさんが本書『人蕩《ひとたら》し術《じゅつ》』を活用されて、これまで以上の大きな成功と幸福を手に入れられんことを願ってやみません。

二〇〇五年一一月

無能唱元

※本書は、二〇〇五年に出版した「人蕩し術」の新装版である。

もくじ

二、中道を歩む魅力　78

【人蕩《ひとたら》しの要諦二、三】

第四章　人々は自己重要感に飢えている（群居衝動と自己重要感　その一）

【人蕩《ひとたら》しの要諦四】

第七章　性的魅力の根源（性欲衝動について　その一）

装丁　美柑和俊
組版　北島純子

第一章　真の魅力とは何か

一、人を魅する術

人蕩《ひとたら》しの妙術

「人蕩術《じんとうじゅつ》（人蕩《ひとたら》し術《じゅつ》）」

聞きなれぬ言葉と、お思いのことでしょう。

それもそのはずで、これは私の考えた、いわば「私造用語」であります。人蕩術《じんとうじゅつ》の「蕩《とう》」とは、「とろけさす」あるいは「たらしこむ」の意で、よく知られた言葉に「女蕩《おんなたら》し」があります。

これはあまり良い意味ではありませんが、要するに、女性の心を捕らえ、自分の方へその心をなびかせてしまうことに長《た》けた男のことをいいます。

一般的に考えて、魅力というものは、自分の方へ、人々の心を引きつけてしまう力であるとするならば、その力を、ある方法によって増大させるコツというものがあるのではないか、とも考えられます。

人の心を自分の方へ引きつけるとは、おおざっぱにいえば、自分を好きにさせてしまうということでもありましょう。

そして、「あの人は魅力がある」という意味は、「より多くの人々が、その人を好いている」というように考えても差しつかえないでしょう。

「人蕩《ひとたら》し」とは、まさに、このように大勢の人々をして、自分のことを好きにならせてしまうための技術なのです。

そして、私は、この人蕩《ひとたら》しの技術について、本書の中で解明し、その用い方について、皆さんにだんだんと説明申し上げていきたいと思っています。

しかし、その前に、この魅力というものの正体が、世間一般の人々には、どうも明らかになっていないように思われますので、この点の分析と解明から、まず始めさせていただきたいと思うのです。

魅力は人々に誤解されている

以前、ある会社の社長さんが新入社員に対するアドバイスとして、次のようなことを話されていたのがとても印象に残っています。

「若い君たちにとって最も大切なことは人間的な魅力を身につけること。二〇代はそのための絶好の時代である。魅力ある先輩たちを徹底的に観察し、仕事のやり方、知識、その個性などの良いと思われるところをどんどん吸収することだ」

ここで私は、一つの素朴な疑問を持ったのです。それは「人間的魅力」というものは、他の人の長所美点などを吸収することで、果たして身につくものなのだろうか？という疑問です。

しばらくの沈思黙考の末、私は「ノー」という答えを得ました。

「人間の魅力とは、知識や技術などとは違って、それは学んで修得できるものではあるまい」と私は思ったのです。

なぜなら、この世の中には、知識力があっても、それをひけらかしたりする鼻持ちならない人物もいますし、何か人に優る能力を持っていても嫌《いや》みな人もいるからです。

また、マナーを心得、礼儀正しくても、魅力のない人もおります。

ある人の魅力ある個性も、それをまねしようとすると、いわゆる付け焼き刃となってしまい、滑稽《こっけい》な振る舞いのように他人の目に映ってしまうこともあります。

以上の点から考察して、私は、「魅力とは、他から吸収されるようなものではない」との結論を得たのです。

一方、目を転じてみますと、「教育がない人でも魅力的な人」もいることに気がつきます。

また、胴長短足でも女性に人気のある男性、お金持ちでもないのに、人を魅きつける力を持っている人もいます。

田舎者で、上品さの欠ける人でも、多くの人々に愛される人柄というのもあります。

たとえば、素性のさだかでなかった豊臣秀吉が足軽から身をおこし天下統一を果たすまでに出世できたのは、まさにその典型でありましょう。

また現代においては、世界のホンダを築いた本田宗一郎は、高等小学校しか卒業していない叩き上げですが、独力で技術を身につけ、ホンダを世界的企業に育て上げ、またその豪放な性格と底抜けの陽気さで多くの人を魅了しました。

さらに驚いたことには、ワイロなどを受け取り、国民の敵とまでマスコミにたたかれた政治家でも、少なからざる人々の間に人気があり、また、刑法で処罰された人でも、多くの人の人気をかち得ることもあるのです。

魅力とは

「魅力」を、ただ単に、「より多くの人々を魅きつける力」として考えるならば、このように、それは、知識、技術、マナー、品性、背景（生まれ）、財産、男前（美人）などの多寡《たか》によるものでないことは明らかです。

もちろん、それらのものは、ある魅力の一部を形成する要素であることは間違いありません。でも、それは「発揮される魅力そのもの」とは依然として言いがたいのです。

では、一体、魅力とはどのようなものなのでしょうか？　その実体は？　そして、どうしたら、それを身につけることができるのか？

この書は、これらの疑問への回答として書かれたものです。

皆さんは、この書を読み進まれるうちに、今まで常識的に考えていたそれが、実はかなりの錯覚や誤解に満ちていたことに気がつき、たぶん愕然《がくぜん》とされるかも知れません。

先ほど紹介した、ある会社社長の言葉「先輩の仕事のやり方、知識、その良い個性を、どんどん吸収すること」ということでは、即それは、その人の魅力そのものとなるとはいえないのです。

この方法では、一歩誤ると「才能はあっても嫌《いや》みなヤツ」と、大勢の人々に嫌われてしまう危険性もあります。なぜなら、才能とか、他人より優れたある特質というものは、それ自身が魅力そのものではないからです。

魅力とは才能である

これは、私の大学の卒業式の日に学長の吉田甲子太郎氏から聞いた訓話ですが、今でもありありとその言葉を思い出せます。

「長い間、人生をやっておりますと、人間には二つの才能というものがあるなあ、ということに気がつきます。

一つの才能とは、普通にいわれている『才覚能力』のこと、つまり才能です。これは知識や技術から、気働きといったようなものを含んでいます。

もう一つの才能とは、いろいろないい方もありますが、要するに『誠実』であることです。そして、『他人のために尽くす』こと。

まあ、人間社会を渡っていくには、この二つの才能というものがあると思います。

ところが、私も学校卒業後三十年もたって、自分の周囲を見回してみると、どうもこの第一の才能のあると思った人間は、初めはいいんですが、結局は、第二の才能の人間の方に負けてしまっています。

つまり、誠実である方の人間が人生において、勝ちを収めている方がずっと多い、ということに気がつくのであります」

第一の才能に対して抱く人々の気持ちは「羨望《せんぼう》」であり、第二の才能に対して抱く人々の気持ちは「人望」でしょう。

この二つはともに人々の望みを表現するものですが、前者はとかく、「羨《うら》む→恨《うら》み」に転じやすく、そこにマイナス的感情がつきまといやすいのです。それに反して後者は、好意的な希望を当事者にいつまでも寄せるのです。

ごく通俗的に言えば、この世の中における成功とは、いかにより多くの人心を自分のもとに引きつけ得たか、引きつけるための魅力をもっているかにかかってくる、と表現しても差し支えないと思います。

優秀で立派な人間はつまらない

有り得ないことを一つ想像してみましょう。かりに豊臣秀吉が現代に生きていたとします。そして、二十代の学生だったとしてみます。すると彼は優秀で模範的な生徒だったでしょうか？

私たちの想像からは、どうしてもそのような映像は浮かばないようですね。もしそうだったら、どうも彼の将来はごくつまらない凡庸《ぼんよう》な人間になってしまうような気がします。

秀吉には、変でおかしな、そして独特の考え方があり、そして彼はそうした青春をおくるであろう、とこんなふうに考えたい。すると小説ふうの未来が湧《わ》きあがってきて、ワクワクしてくるではありませんか。

魅力的な人物とは、一口に言って、普通じゃない生き方をしていることが多いです。そういう人たちは、優秀で立派な人物になろうとして、あんまり頑張らなかったんじゃないかと思います。

ただし、優秀で立派になろうとして頑張らなかったけれど、自分の好きなことには没頭した。それはもう気が狂ったように…。

本田宗一郎も仕事をするにせよ、遊ぶにせよ、何事も中途半端が嫌いな人だったといわれています。

だから、彼らは一般的な常識から見れば変った人間であり、そしてその変なるが故に、面白い、すなわち、魅力ある人物だったわけです。

この「魅力とは何か？」という点の解明と、その魅力を最大限に発揮すべき人蕩《ひとたら》しの術《じゅつ》の用い方は、次章から詳しく述べていくつもりでありますが、その前に一つ、皆さんにぜひお話ししておきたいことがあります。

二、魅力の源は

真の魅力はリラックスの中にある

それは、真の意味における魅力、それはまた「人間的魅力」と呼んでも差しつかえないとも思いますが、この魅力は、「緊張の中にあるものではなく、もっぱら、弛緩《しかん》の中に存する」ものだ、という点です。

言い替えれば「真の魅力とは、リラックスの中にあるものである」ということです。

さらに言うならば、それは自分の人生を余裕をもってながめている態度とも考えられます。

前にも申しましたが、「頭がいい」「金持ちである」「男前である」というのは、確かに魅力の一要素ではありますが、それは、私の考え方によれば「緊張のサイドにある魅力」であると思うのです。

これに反して、リラックスの中にある魅力とは、その人の外部的な特質ではなく、主として、内部的なその人の心の働きによって、外へそれがにじみ出てくるものでありましょう。

だからこそ、それはその人の才能の多寡《たか》、社会的身分、容姿などに関係なく、人々の心を捕らえてしまうのです。

通常それは「その人の人柄《ひとがら》である」というように言われ、それは生まれながら自然にその人に備わっているもので、人力で左右できないもののように思われているようです。

しかし、そうではありません。このような内面的魅力は、自己コントロールという人力をもって、どのような人でも身につけることができることなのです。

魅力は余裕から生まれる

ところで、「第一印象はあてにならない」と言う人がいます。また、「やっぱり、第一印象は正しい」と言う人もいます。

これは両方とも、その体験からでた各人の感想でしょう。そしてそれは、同一人物に対する感想でも、その評価は分かれることがあります。

思うに、第一印象とは、その人が本性的あるいは常駐的に抱いている心構えのようなものでしょう。それが一種の表情相として外に現れているものと思われます。

ところが、当人はそういう自分の面を案外よく知っているものであり、かつまた、それを自分の欠点あるいは弱点と考えていて、それをカバーするかのように、それと正反対の言動をすることが多いもので、これが第二印象となるものです。

例えば、T社長は頭が切れてバリバリと仕事をするタイプで、どことなく冷たい感じを人に与えます。ところが、つきあってみると、これが親切で友情に厚いのです。

そこで、人々は意外に思い、「第一印象と違って、Tさんはとても温かい人柄だ」と言うのです。

しかし、T社長は、末っ子で多分にわがままに育てられているせいか、好き嫌いの感情が非常に激しいのです。

それで、好きになった友人にはとてもよく尽くすのですが、いったん嫌いになると、手の平を返したように冷淡にもなれるのです。それで、その場面に遭遇した人は、「やはり、第一印象って正しいものだなあ」と言うのです。

このケースで考えれば、T社長の冷たさは彼の本性であり、親切さは仮面のようにも思えます。だがそれは誤りなのです。

冷たさも親切さもT社長の本性であり、それら二つを彼は包含しているのです。この意味では、第一印象も第二印象もともにその人の性格であり、心構えなのです。ただ、それが相対する人、または、状況の変化に伴って、彼の気分が冷たくなったり温かくなったりするだけなのです。

しかし、第一印象に対する第二印象ともいうべきものは、その人の自己コントロールの努力の成果である場合が多いものです。そして、それが自分の弱点を矯《た》め直《なお》そうとした結果であるならば、それは、その人の「人間的魅力」ともなり得るのです。

その場合の第二印象は、人々に安らぎとか、笑いとか、喜びなどの快感を与える余裕のあるものであって欲しいと思うのです。

遊行《ゆぎょう》の勧め

では、その自己コントロールとは、いったいどのような方法なのでしょうか？　ここで一つ、中国の古典から、ある一文を紹介して、その答えの一つといたしましょう。老荘の哲学として有名な「道《タオ》」の思想というものがあります。これは、老子がまず唱えたもので、道《タオ》すなわち、この宇宙を出現させたところの根元力「太極《たいきょく》」と、その力によって示される宇宙的原理に従って生きることが、人間にとって最も重要な人生課題であると説くものです。

この老子の後をうけて、その説をさらに発展させたのが荘子《そうじ》ですが、この荘子の著した書『荘子《そうじ》』の「大宗師篇《だいそうしへん》」という部分に次のようなエピソードが記されております。

孔子の弟子の顔回《ガンカイ》が、ある日、孔子のもとへ来て言った。

「私には一つの進歩がありました」

これに対し、孔子は「それはどんなことかね？」と尋ねた。

「私は仁義というものを忘れることができました」と顔回は言った。

「なるほど、それはなかなかのものだ。しかし、もう一歩足りないね」と孔子は答えた。

他日、顔回《ガンカイ》は孔子に会い、

「私に、もう一つの進歩がありました」と告げた。孔子は、

「それは、どんなことかね？」と尋ねた。

「私は礼楽《れいがく》というものを忘れることができました」と顔回《ガンカイ》は言った。

「なるほど、それはなかなかのものだ。しかし、もう一歩足りないね」と孔子は答えた。

他日、また顔回《ガンカイ》は孔子に会って言った。

「私に、もう一つの進歩がありました」

「それは、どんなことかね？」と孔子は尋ねた。

「私は坐忘《ざぼう》ということができるようになりました」

孔子はハッと顔色を変えて、

「坐忘《ざぼう》とは、どんなことか？」と尋ねた。

「まず、五体から一切の力を抜き、はからいの心を捨て、ものの形に捕らわれることなく、知識を捨て去り、天地間の真理『道《タオ》』と一体になることです」と顔回は答えた。

「ううむ」孔子はうなった。「道《タオ》と一体になれば、もはや好悪の念なく、道《タオ》とともに変化して自在となる。

それにしても、お前は大したものだ。私は今や、お前に教えを請《こ》わなければなるまい」

以上は、坐忘《ざぼう》というものが、坐禅やヨガの瞑想などと、しばしば関連または対比させられ、論じられる、荘子の中でも「坐忘問答《ざぼうもんどう》」の名で知られる有名な箇所です。

昔から、幾多の聖賢は何らかの形で、自己の内なる世界に沈潜し、何かの悟りを得てきました。

この、内なる世界に沈潜するとは、要するに意識を、浮き世の常識智の世界から離れさせ、是非分別《ぜひふんべつ》の思考（それは緊張の姿）から一時的に解脱《げだつ》するところの心的行為です。そして、それは大きなリラックス行でもある、と私は考えるのであります。

そしてまたそれは、その人の人となりに、一つのゆとり、余裕といった雰囲気をただよわすようにもなるのです。

この「余裕」こそ、最も大切であります。なぜなら、本書で説く、この人蕩《ひとたら》し術《じゅつ》を身につけるには、この余裕という心的態度なくしては不可能だからなのです。

では、このような余裕を得るには、どうしたらよいか、というと、それには、人生を楽しもう、と決心することです。また、自分の人生を一つのゲームである、と思うことです。

言い替えれば、あまり真剣に「何が正しいことか？」などということを追求するのをやめて、「明るく、楽しく暮らす」よう考えることです。

「遊行者《ゆぎょうしゃ》」と仏教ではいいます。この世の旅路を、淡々と楽しみながら生きて行こうと心がけることです。

このような遊行者《ゆぎょうしゃ》の心境を得るには、どうしたらよいか？

それについての結論は、本書の最後の部分（第十章　人蕩し術奥儀）に説かれてありますが、そこへ到達するには、みなさんはまずそれまでのページをじっくりと読み進まれる必要があるのです。

第二章　魅力の正体とその秘密

一、人蕩《じんとう》の極意

人を魅《ひ》きつける力

「どうしたら、人を魅《ひ》きつける力を身につけることができるでしょうか？」

男女を問わず、この質問を何回も、私は私の主催する自己啓発講座で受けてまいりました。

ほとんどの人が、自分は魅力ある人でありたいと願っております。それは、異性を魅きつける「性的魅力」から始まって、人々に安らぎと信頼感を与える「人間的包容力」までを包含する人間的魅力であり、それを何とかして身につけたいと欲するのは、人間として至極当然の願いでありましょう。

しかし、多くの人々は、その願いとは裏腹に、異性にはもてず、人づきあいが悪く、そういう自分自身にいらだちを覚えているのが実情です。

当人は何も異性に嫌われたり、他人に避けられたりしたいと思っているわけでもないのに、なぜか人々は自分から離れようとばかりするのです。

これは一体、どういう理由なのでしょうか？

容姿や見栄えが悪いということがその原因ではないのです。また、教育がない、お金がないというのも、その主原因ではありません。

確かにハンサムな男であり、また地位が高く、お金持ちであるというのも魅力の一部分であることを私は否定しません。しかし、それは、ほんの一部分なのです。

その証拠に、お金持ちでも人気のない人がおりますし、逆に何のとりえもなく、風采の上がらない男性で、奇妙に女性に人気のある人を私は何人か知っております。

では、誠実で、人格の優れた人は魅力的なのでしょうか？

いいえ、これもその一部分であるかも知れませんが、人間として立派であっても、孤独な人は数多くおります。

それは、尊敬と魅力は別物であることを示すものです。

では、魅力とは一体何者なのでしょうか？　そして、どうすれば、それを身につけることができるのでしょうか？

実は、その答えはとても簡単なのです。この極意を、まず、ずばりと、大書して四十二ページに載せておきます。

つまり、本書では、その結論をまず冒頭にかかげてしまい、順次その解説が後に続いて行くという形をとりたいと思います。

しかし、この答えである「極意」自身は簡単ではありますが、その意義、真髄を知り、しかも、そのテクニックを身につける実践法を解き明かすには、なお数万言の言葉を必要とするでありましょう。

では、まず何はともあれ、次の極意を読んでみてください。

《人蕩《じんとう》の極意》

魅《み》は
与《よ》によって生《しょう》じ
求《ぐ》によって滅《めっ》す

無能唱元

与えればよい

答えは、恐ろしく単純です。

すなわち、あなたが他人に何か与えれば、あなたに「魅《ひ》きつける力」は生じ、あなたが他人から何かを取ろうとすれば、その力は即座に消えてしまうのであります。

これは、答えというより、むしろ「原理」といった方がよいでしょう。多くの場合、真理とか原理といったものはこのように至極単純なものなのです。

簡単な話、あなたはハムを一枚手に持って、犬を呼んだとしましょう。

すると、犬は一散にあなたのもとへ駆けて来て、しっぽを一生懸命振るでしょう。

つまり、このハムを犬にくれようとした瞬間に、「犬はあなたに魅きつけられた」のです。

例えば、秀吉は毛利との戦いで毛利方の高松城を水攻めする際、途方もない土木工事を短期間に進めるために、百姓町人の欲を刺激して、土俵一俵運んでくれば銭百文と米一升を与えるという夢のような条件をだしています。

百姓町人としては元手がかからず、土俵をつくって土を詰めるだけでいいということで、発狂同然になって子供や老婆まで土俵をかつぎだし、たった十二日で大堤防を完成させました。このとき秀吉が支払った米銭は米だけでも七万六千余石といわれています。

そのほか、「物を与える」場合の秀吉の人蕩《ひとたら》しは、戦《いく》さで功のあった者に対する恩賞のやり方でもその天才ぶりを発揮しています。

このことは現代のビジネス社会でもあてはまりますが、恩賞に不公平があれば、不平不満で士気がゆるみ組織が乱れます。秀吉は恩賞はできるだけ戦さが終わったその場でおこなうようにし、とくにめざましい戦功に対しては合戦の最中でさえ部下を走らせて、その場で行賞しました。

そして、多くの場合は金銀をつかんでその場で渡すため、戦場にはいつも金銀がいっぱい詰まった行李《こうり》を運んだそうです。

さて、この「物を与える」ということは、その人に魅力を発揮させる最も原型的なその例です。そして、人間社会の場合、この「物」は、しばしば「お金」によって代表されます。つまり、ひと口に言えば、金離れの良い人は好かれ、ケチな人は嫌われるというわけです。

しかし、このようなことを私が言えば、多分、読者の皆さんの中には、「そんなことはわかっている。しかし、人に物やお金を与え続けていたら、自分が貧乏になってしまい、自分の生活が成り立たなくなってしまうではないか？」という疑問を持たれる人が、きっと出てくることでしょう。

確かにそのとおりです。落語に、昔、吉原で派手に金を使い、皆にお大尽《だいじん》、お大尽とおだてられ、ついに無一文となると、「金の切れ目が縁の切れ目」とばかり、手の裏を返したような冷たい仕打ちを受ける話があります。

お金や物を人にあげることは確かに大きな魅力をその当事者にもたらすものではありますが、しかし、お金や物はだれでも無限に持っているものではありません。

そして、それらの持っているお金、つまり財産は、あなた自身の生活を守り、他人の厄介《やっかい》にならないための大切な蓄えなのです。

財産を保持することは、自己生存本能という、「生きていたい」衝動がその基となっております。

つまり、自分の生命存続のための安全性をそこに求めているのであり、それはまた、「他人に迷惑をかけない」ためには、社会人としては必要不可欠の行為なのです。

ですから、人に好かれたいために（これが魅力の本態）その大切な財産を他人に与え尽くしてしまうことは、結局、他人の厄介になって助けてもらうことになりかねません。そうすれば、その時点で、その人は他人から嫌われることになってしまうわけです。

しかし、この説明は、本章の冒頭の結論「**魅《み》は与《よ》によって生《しょう》じ、求《ぐ》によって滅《めっ》する**」の原理を明らかに証明もしています。つまり、与えれば好かれ、求めれば嫌われるという点で……。

二、人間の本能を充足させる

形なきものを与える

ここで、もう一度、さきほどの犬の話に戻ります。

犬はハムに魅かれて、あなたのもとへ走り寄って来ました。そして、そのハムを与えてくれるあなたに対して好意を持ったのです。

しかし、この時、この犬が、「一生懸命しっぽを振っていた」というこの点に、どうか注目してください。

犬がしっぽを振るのは、人間でいえば、お愛想笑いをしているということです。つまり、これは彼の好意を態度で表現していることであります。

すると、それを見て、ハムを与えるほうの側も、なぜかうれしくなるのです。この時、あなたは、ある種の喜びを覚え、そして、それは確実に「犬の側から与えられた」ものなのです。そして、それは、その犬の魅力になったのであります。

ここで私が言いたいことは、あなたはハムを持って犬に対して魅力を生じ、犬はしっぽを振って、あなたに対して魅力を生じた、という点です。

つまり、あなたは形あるものを与え、犬は形なきものを与えたのですが、共にそれは相手に対し喜びを与えたという点では一致しているのです。

ではここで、この二者に生じた喜びというものについて、その違いや特質とはどんなものなのか少し検討してみましょう。

あなたのハムが犬に与えたものとは、それは、犬の「**生存本能**」、その欲求を充足させたからなのです。この本能とは、裏返して考えるならば、それは、「飢えに対する恐怖」によって推進される欲求です。前記の財産や貯えも、要するに、この恐怖を緩和するための一方策なのであります。

さて、ハムというエサが犬に与えられることは、この飢えに対する恐怖を和らげ、犬に安心感をもたらします。そして、それはおいしいという味覚の快感を伴って、彼に喜びを生じさせるのです。

この「生存本能への充足」に対して、犬からあなたの側へ与えられたものは、「**群居衝動**《ぐんきょ》」という本能的欲求を充足させたものであります。

人間は群れをなして生きる動物です。つまり、一人では生きられないのです。それで、会社、家族、学校、友人同士などから、大きくは国家、人種に至るまで、人はグループを作り、その中にある安らぎを見いだします。これがつまり群居《ぐんきょ》衝動です。

第三の本能的衝動

しかし、世の多くの人々は、自分の内にあるこの群居《ぐんきょ》衝動を、なかなかうまく充足できずに悩んでいるのです。

ということは、他人との接触において、そこにある種の気まずさ、あるいは違和感のようなものが発生し、それに本人は耐えられなくなってくる場合があるのです。

群居衝動は代用物が可能といわれております。というのは、人間不信に陥《おちい》ると、ペットや他の動物、あるいは人形のようなものによって、ある程度その衝動を充足することができるからです。

では、なぜこの群居衝動がうまく充足できないかというと、ここに、第三番目の本能的衝動というものが登場してまいります。それは「**自己重要感**」という本能的欲求です。

生まれながらにして、人（あるいは生物といってもよい）は、他者と競合して、自らを優越者としたい、という欲求を持っております。これは、「自己表現欲」とも呼ばれ、要するに、自分の能力を何かの手段で具象化し、自他にそれを認めさせ、自分のこの世における存在価値を確かめたいという無意識的願望なのです。

芸術家、タレントは無論それの最も顕著な例ですが、社長が会社を大きくしようとするのも、お金持ちになろうとするのも、有名になろうとするのも、すべてはその願望の現われです。

ところが、多くの人々は、それがどうもうまくいかないと感じ、より直接的な方法で、その衝動の充足を図ろうとします。その方法とは、

「会話による方法」なのです。

他人をけなしたり、あるいは自慢をしたりするのは、すべて、この悩み、自分の自己重要感をうまく充足し得ないでいる人たちなのです。

これらの人々は、自分が自己劣等意識に落ち込むことを恐れるあまりに、自己優越

の暗示を自分に与えようとして、前記のようなけなしや自慢の言動を無意識のうちにとってしまいます。

さて、前項でふれました群居衝動がうまく充足されない、という主原因は、実にこの自己重要感がうまく充足されていない、という点に密接な関係があり、この自己重要感が傷つくことによって、群居衝動までが手ひどく低下させられてしまうのであります。

そして、多くの場合、それは他人のけなしや自慢、つまり他人の異常な自己表現欲の被害を受けてそうなるのではなく、自分の内にある自己重要感をうまく表現できず、あるいは表現しても他人を不快にしたり、怒らせたりしてしまい、自己嫌悪から、さらに深い劣等感に陥ってしまいます。

そして、本人は、この不幸感がどこから生じてくるのか見当もつかないことが多いのです。すなわち、それが自分自身のせいでそうなったとは気づかず、世間の人々が自分に対して不当に冷酷であるように感ずるのです。

ある人々は、旅行したり、山に登ったりして、人里から離れ、しばらくはその心の疲れをいやそうとします。

ある人は俳句をひねり、画をかいて、大自然に相対し、それに没頭することによって、人的関係のわずらわしさから、少しでも離れようとします。

いずれも、自分の内にある自己重要感の適当な充足が行なわれないで、その結果、群居衝動も損なわれ、それを自ら救済しようと努めている無意識的な行動の現われです。

物を人にあげるとき

このように、本能的衝動というものは、それぞれが単独で作用するものではなく、関係しあいながら働いており、一つの衝動がうまく充足されないと、他の衝動も時にはそれ以上に強くスポイルされることがあるのです。

またその反対に、一つの衝動が充足されれば、他の衝動に好ましい影響を与えることも当然考えられます。

たとえば、プレゼントのことについて考えてみましょう。

「これ安物だけど…」

と言って、その小さな贈りものを、彼が差し出すと、彼女が、

「贈りものは高い安いじゃないわ。気は心よ」

と言って受け取ったとします。さあ、この「気は心」という言葉について考えてみましょう。

物を人にあげるということは、まず第一の生存本能を充足させる行為と考えられます。しかし、その時に、相手を尊重しているという気持ちの表現もここに含まれ、そのプレゼントを受け取る相手の自己重要感も充足されるのです。

そしてまた、それは相手に、自分と仲良くしてほしいとの願いを表現していることでもありますから、これは群居衝動も充足しようと働きかけていることでもあります。

つまり、これは「仲良くしたい」「あなたを尊重します」といった心の状態が、それを表現しようという気を起こして、それをプレゼントの品物に託して、贈るという行為になったのです。これが「気は心よ」という言葉の意味でしょう。

ここで要約すれば、この場合のプレゼントは、相手の生存本能・群居衝動・自己

重要感の三つの要望を満たしてあげた、すなわち、この本の冒頭にかかげた言葉の、「魅《み》は与《よ》によって生《しょう》じ」の「与《よ》」、あたえるということであり、ここに贈りものをした本人に一つの魅力は生じたということになるのであります。

これはある政治家の秘書Mさんから聞いた話ですが、選挙資金の提供をお願いしに故田中角栄元首相ともう一人、別の有名議員のところへ行ったところ、二人の対応がまったく違ったということです。

田中さんはMさんが選挙資金のことを言いづらそうにしていると、それを察して「選挙資金は五百万用意している。少ないが一切かまわず使ってくれ！」と田中さんから言い出したそうです。

Mさんとしては一千万円くらいを考えていたのですが、先にズバッと言われて、無心をせずに晴れ晴れといただくことができたということです。

一方、もう一人の有名議員の場合は、こちらが切り出すまで、絶対に言わない。Mさんがやっとの思いで「一千万円ほど、お借りできませんか？」と切り出すと、「では、八百万でどうだ？」と値切ってくる。Mさんとしてはもらえないよりいいから、しぶ

〈５つの本能的衝動〉

① 生存本能
② 群居衝動
③ 自己重要感
④ 性　欲
⑤ 好奇心

しぶ頂戴したそうです。

同じお金を渡すにしても、田中さんは相手に喜ばれ、相手の生存本能・群居衝動・自己重要感を満たす形で渡した。一方、もう一人の有名議員は、田中さんより三百万円多い八百万円の出資をしたのに、相手に不興《ふきょう》を買ってしまった。贈りものもそのやり方次第で、まったく違う結果になる良い事例です。

五つの本能的衝動

一説によれば、このような本能的衝動として、人間は次のような五つのものを持っている、といわれております。

①生存本能

②群居衝動
③自己重要感
④性欲
⑤好奇心

さて、私たちは、この五つの本能を自らの手でもって充足し、そのうえで、他人のその不足をも充足してあげるならば、その時、無数の人々を自分のもとに吸引してやまない、すばらしい魅力を身につけることができるのです。

では、どうすれば、自らのそれを充足し、また他人にもその手を貸してやるようになれるのか、それを次章からお話ししてまいりますが、その前に、なぜ私がこの五つをたんに「本能」といわずに、「本能的衝動」などと回りくどい言い方をしたかを説明しておきます。

その理由は、「本能」と「衝動」は異なったものであり、しかも五つの欲望には、本能的なものと衝動的なものとの二つが混じりあって存在しているからなのです。

有名な精神分析医のフロイトは「本能と衝動は正反対の欲望である」という意味のことを言っております。

しかし、この本能と衝動の二語の区別は、いろいろな学者の説によって、違った解釈がなされており、その用語の区別法は万人共通の確たる意味がつけられているわけではありません。ただ、この二者が人間欲望の異なった形のものであることは、ほとんどの学者の認めるところです。

もっとも普遍的な、そしてわかりやすい解釈をするならば、それは、

◎本能とは動物的欲望であり
◎衝動とは人間的欲望である

といえるのではないでしょうか。

わかりやすい例をあげてみましょう。

ある男性が、あこがれの女性にデートを申し込み、やっとのことでデートの約束を

取りつけ食事に行きました。食事のあとさらに雰囲気のいいバーでお酒を飲み、酒と彼女の魅力にすっかり酔った彼は彼女の体の一部に触れてみたいと思いましたが、ぐっと我慢しました。

その理由は簡単で、最初のデートでそういう行為をすると、彼女に嫌われるであろうことを恐れたからです。

触りたいもの、あるいは食べたいものを前にして、ある理由からそれを我慢する、ということを動物はしません。他人から良く思われたいと思って、何かしたいことを我慢するのは人間特有の欲望です。

この場合「女性の体に触りたい」と思うのは純粋な動物的本能ですが、後者の「我慢する」は人間的な欲望で、これはある衝動にもとづいて行なわれる行為なのです。

例えば、ゴルフが好きで、しかもゴルフが上手な社長さんがお得意さんとコンペに行って、わざと相手にわからないように負けるのも、この衝動によるものです。

ゴルフに勝ちたい欲望をおさえるのは、その社長の脳裏に「未来において得ることができるであろうある幻想」が描かれているからです。それは、例えば大口の取引の成立などです。そして、この「おさえ」ようとするのが「衝動」なのです。

したがって、衝動とは本能に相反するものであり、しかも本能の現実的欲望に対して、それは幻想的欲望です。


こういうことを理解した上で「五大本能的衝動」をあらためて見てみると、五つのそれは、より本能的なるものと、より衝動的なるものとの二つに分けられることがわかってきます。

すなわち、①の生存本能と④の性欲は本能的ですが、残りの三つ、とくに②の群居衝動と自己重要感は衝動的であるといえます。
⑤の好奇心は、動物の進化という点から考えると、本能と衝動が相半ばするといえるでしょう。
それでは、次章から一つずつ詳しく話してまいりましょう。

第三章　飢えへの恐怖（生存本能）

【人蕩《ひとたら》しの要諦一】

一、獲得と知足

飢えへの恐怖感

①の生存本能は、「飢えへの恐れ」という無意識的な恐怖衝動によって裏づけされております。

ある会社の社員が、社長にしかられたとします。そのしかられた内容は、それほど大したことでもなく、また社長のほうでも、それほど強くしかったつもりがなくても、その社員はすごくおびえ、悩むことがあります。

これは、社員の意識下で、

失策→クビ→無収入→飢え→死

というように、短絡的にその恐怖心が働いてしまうからなのです。

これは無論、論理的帰結ではなく、冷静にことを分析すれば、このような無意味な恐怖心はただちに氷解するはずです。しかし、このようなケースは、日常生活にあって、意外に多くの人々が抱く悩みなのです。

また、これほどでなくても、人間はすべて、この飢えへの恐怖感を潜在的に抱いており、それが働く力、また財産を保有する意欲の原動力になっているとも思われます。

それを巧みにたびたび使ったのが秀吉です。

たとえば、秀吉が槍《やり》の名人・上島主水《うえしまもんど》と長・短どちらの槍が戦《いく》さに慣れない足軽が使う場合に有利であるかを、それぞれ足軽五十人ずつで戦うことになったとき、槍の名人・上島主水《うえしまもんど》は「槍は短いほうがよい」と主張し、正月返上で足軽たちを厳しく訓練し、なかなか会得しない足軽には竹刀《しない》で打ちすえたりしました。

一方の秀吉は「扱いを知らない足軽には長い槍が有利」とし、正月中、足軽たちに酒・肴《さかな》をふるまってご馳走し、作戦も足軽たちにわかるように工夫しました。結果は秀吉の圧倒的な勝利に終わったのです。

この場合は、上島主水《うえしまもんど》が足軽たちに恐怖感を与えすぎて、やる気をなくさせてしまったのに対して、秀吉は足軽たちの飢えへの恐怖感をやわらげてリラックスさせ、足軽たちのやる気を盛り上げたのです。まさに秀吉の人心操縦術が功を奏したといえるでしょう。

無限に与えることができるもの

ひと口に言えば、人間が自分の生命を保持したいという欲求、すなわち生存本能とは「飢えへの恐怖心」によって支えられているものと見ることもできるのではないでしょうか？

所有物とは、まさに、この恐怖感をやわらげるものです。そして、反面、所有物を失うということは、この恐怖感の増大を促すことでもあります。

ですから、人から物をもらうのがうれしいというのは、この生存本能を充足するからなのです。

そこで、人に物を与えるのは、結果的にその人をあなたに魅《ひ》きつける力を生じさせることになります。

以上の事柄から理解されるのは、他人の生存本能を充足させるには、「物質（あるいはお金）を与える」ことによって達成できる、ということです。

しかし、人に与えることのできるものは、この①の物質ばかりではありません。他の四つの本能的衝動の場合は「無形のもの」によって、それがなされるのであります。

無形のもので充足される本能的衝動	有形のもので充足される本能的衝動
②群居衝動 ③自己重要感 ④性　欲 ⑤好奇心	①生存本能

※無形のもの…愛、笑顔、思いやりなど　※有形のもの…お金、物など

ですから、それは、物質の場合の四倍もの多さで、それをあなたはすでに所有しているのです。

しかも、この無形のものは、有形（物質）のものと異なって、ほとんど無限にあなたは所有しているといって差しつかえないほどの量なのです。

これは、どのような人でも、この無形の財産を無限に所有しているという意味です。

すでに述べたように、ある人に魅力があるというのは、その人の容貌にはあまり関係ありません。また、教育があるとか、お金があるとか、ないとかということにも直接的には関係ないのです。

魅力が生ずるか否かは、正に他人に対し、五つの本能的衝動の内いずれかを充足させるものを、「与えたか、どうか」にかかってくるものなのです。

この真理には大きな救いがあります。それは、どんな人でも、階級、財産、容貌などに関係なく、自分自身を魅力ある人間に仕立て上げることが可能であることを示しているからであります。

獲得と知足のはざまで

考えてみるまでもなく、生存本能とは、人間のみならず、あらゆる生物が生きて行くための最も原初的、かつ最も強大な本能です。

また、この本能があるために、生物は存続し得るのであり、その点から考えると、これはまことに大切なものといわざるを得ません。

しかし、この大切な本能も、日常うまくコントロールがとれていないと、不安は増大し、その人の平常心は大きく乱れ、それはその人の運命に暗い影を投げかける元にもなりかねないのです。

前述しましたとおり、この生存本能とは、「飢えへの恐怖」が根底にあって、その恐怖をいやすため、人々はいろいろな生存活動を自然発生的に起こすのです。

ところで、この恐怖感がうまく処理できず、増大していくと、それがこの人の心を陰に陽に大きく悩ます元となります。

しかも、この恐怖感は、そのままの姿として、つまり「飢えの恐怖」として現われるのではなく、何か漠然とした不安感か、または他の何らかの人生における障害になって現われることが多いので、まことに厄介なしろものなのです。

このために、この人は、自分の不安感がどこから出ているのか理解できず、いっそう悩むということになります。

飢えの恐怖を解消する二つの方法

ところで、この飢えの恐怖を解消するには二つの方法があります。

それは「**獲得**」と「**知足**」の二法です。

獲得とは食料を得ることであり、知足とは文字どおり、足りることを知る心です。

人が働き、お金を得、それを貯めるのは、正に、飢えへの恐怖をやわらげるための方策としてです。

しかし、この恐怖感は、人によってそのあり方は、まことにさまざまであり、ある人は富の蓄積を、ただたんに第一の本能「生存欲」だけでなく、それを越えて、第三の本能的衝動「自己表現」の手段にまで使おうとするに至る人もおります。

また、いくら貯めていても、根底にある飢えへの恐怖感はいやされず、ひたすらお金を貯め続ける人もおります。

問題になるのはこの点です。すなわち、富の蓄積を得てもなお心は否定的な情念の内にある場合で、焦《あせ》りやいらだちをともなった不幸な気分の内にあることです。

昔、学校の先生で一人暮らしをしている人が病気で急死して、その発見された時の状況があまりに異常だったので、新聞や雑誌でだいぶ評判になりました。

この先生は、四十代で独身の男性です。非常な倹約家であり、風呂にもめったに入らず、そしてゴミの山の中に暮らしていたのですが、その枕元にあった預金通帳には、なんと一億数千万円の金額が記帳されてあったのです。

とにかく、その守銭奴ぶりは徹底したもので、人づきあいもほとんどせず、汚い家に住み、そして不潔きわまりない汚れた部屋に生活しておったので、身体からは常に異臭がただよっていたというのですから、相当なものであったのでしょう。

この人にとっては、お金を貯めること、それだけが唯一の生きがいだったようで、この一億を超える現金こそ、彼の本能的欲求に最も大きくこたえてくれるものだったのです。

彼が幸福であったか、不幸であったか、それは他人にはうかがい知ることのできない問題かもしれません。

しかし、汚れた部屋に、友や家族もなく、ただ多額の現金のみを抱いて、一人孤独な死を迎えたその姿は、一般的に言っては、あまり幸福な人生とは思えないでしょう。

結局のところ、彼は、自己の生存本能をうまくコントロールできず、その生涯を誤ってしまったように思えるのです。

不健全な欲望の見つけ方

「みにくい物欲」「あさましい金銭欲」と、しばしば人はそういいます。

では、物やお金を求める心、その欲望はすべて汚いものなのでしょうか。どうもそうとはいえないようです。

そこで、「要《よう》は程度問題なのさ」と世の常識家はしたり顔でいいます。では、その程度の一線はどのあたりに引かれるものなのでしょうか。

一億円までの貯蓄ならばよいが、十億円を超えると「あさましく」なるのですか？

どうもそうではないようです。そこで彼らは、「問題は金高ではない。その心がけさ」というかもしれません。では、その心がけとはどんなことでしょうか。

「人を泣かせたり、公正でない儲け方をしてもかまわないという心がけが悪いのさ」と彼らはいうかもしれません。

では、人を泣かせたりせず、また公正なやり方で、財産を飽《あ》くことなく増大させたり、地位身分の昇進に励んだりすることは「あさましく」なく、いうなれば健全な欲望なのでしょうか。

このあたりが、前記の言葉「みにくい物欲」「あさましい金銭欲」において、どうもう一つはっきりしない点だと思うのです。

そこで私は、その欲望が「健全」なのか、または「不健全」（つまり汚いということ）

であるのかを分ける基準として、次のような判別方法を用いるのです。

すなわち、それが「より本能的」であればより健康的であり、それが「より衝動的」であれば不健康であるのだと。

そして、あさましいとか、みにくいとかの感じは、この不健康であるあたりより発生するのだと考えるのです。

そして、この時に働いている衝動欲は、本来の生命的である本能を傷つけていることにぜひとも着目していただきたいのです。

衝動が求めるものは何かといえば、それは「幻想」であると定義してもいいのではないかと私は考えます。そして、衝動は、現在のあるがままの自分の姿に不満を覚えた瞬間に発生します。未来のその不満が解消された自分の姿、すなわち望みが成就達成されたセルフ・イメージ（自己像）を意識の底に設定するのです。すなわちこれが幻想です。

食べるものがうまいとかまずいとか、景色がきれいだとか、女性が美しいとかなどと感じているのは「現在的感覚」で、あるがままの生活感情です。そこでうまいもの、美しいものを求めるのは本能的な欲望です。

しかし、未来に「より立派な自己像」「より成功した自己像」を設定した瞬間に、その幻想に対して、衝動エネルギーは一気に噴出《ふんしゅつ》するのです。そして、それへ至るための肉体的努力を猛烈に開始すると、今度はその努力そのものが、純粋な本能を破壊し生命さえも破壊されてしまうのです。

ゆえをもって、「目標を達成するという行為」は「人生の目的」ですが、ときには「それをあきらめる行為」というのは「生命保全の目的」となる、ということです。

「人生」と「生命」、この二者について考えるとき、私がいつも思い出すのは、老子の次の言葉です。

「名と身といずれが親しき。身と貨はいずれが多《まさ》れる」

考えてもみたまえ。名誉などより大切なのは自分という生命個体ではないか。財産と自己とはどっちが大切かは自明の理ではないか、といっているわけです。

そしてまた、「足ることを知れば辱《はずかし》められず、止《とど》まることを知れば殆《あやう》からず」と述べています。

必要なのは「現在の幸福」

ところで、遠い昔より幾多の聖者や賢人は、この「飢えの恐怖」が、いかにその人の精神をむしばみ、また、その人の人生そのものを狂わせてしまうかについて気づいておりました。そして、人々からその弊害を除こうとして、さまざまな教説を述べたのです。

キリストは、有名な山上の垂訓で次のように説いております。

「空の鳥を見なさい。彼らはタネをまいたり、畑をたがやしたり、また、収穫した穀物を庫に貯蔵したりもしない。それなのに、天なる父は、その鳥たちを養っているではないか」と言い、

「何を食べるか、とか、何を着るか」などということに心をわずらわせるのは愚《おろ》かである、と言い、

「明日のことを思いわずらうことなかれ。明日は明日自身が考えるであろう」と述べております。

私たち人間が、まだ来ぬ未来に不安を抱くのは、まさにこの点です。すなわち、自

己生命の存続がおびやかされるのではないか、という心配であり、そのうちでも特に、経済的問題が主となっているのです。

これは、キリストが指摘するまでもなく、まことに愚《おろ》かな心配です。なぜなら、これは、まだ来もしない未来のために、現在をだいなしにしているからです。

「現在の幸福」、これこそ、人間にとって最も必要なものではありますまいか？

自己コントロールの重要性

西洋に、うまいことわざがあります。

「橋のたもとへ行くまでは、橋を渡るな」というのです。橋とは越えなければならない問題のことを意味しているのですが、その問題は目前に来るまで、くよくよ考えてみても始まらない、というのです。

仏教では、法句経《ほっくきょう》の二〇四番に、

「無病《わずらいなき》は上《うえ》なき幸《しあわせ》

知足《ちそく》は上《うえ》なき財《たから》」

といっておりますが、これは大切な自己コントロールの言葉だと思います。

また、良寛の句に次のような言葉があります。


「焚《た》くほどに風がもてくる落ち葉かな」


これは、前記のキリストの「天なる父は養いたまう」という言葉と思い合わせて、両者とも、自然の恵みに対する感謝と、自己に対する安心感を説いているのである、と感じ入る次第です。

しかし、ここで読者の皆さんに誤解してほしくないのは、私はここで、今までによくある宗教や道徳の書のように、知足や無欲の勧めのみを説いているのだ、というように思われてしまう、という点です。

私は決して、そのような、いわゆる宗教的な面についてのみ、皆さんに対し説こうとしているのではないのです。

それどころか、時には、欲望に燃え、戦いに徹し、大いに儲け、富を蓄積し、地位を築き、名声をあげることに全力を悔いなく費やせ、とまで主張するのです。

確かに、宗教家の言う「知足」による自己コントロールは、私たち人間が幸福に生きて行くためには必要不可欠なものです。

しかし、これも行き過ぎると、人間はとかく「消極的」になり、しかもそれが高ずると、「陰性」また「否定的人生」へともなりかねないのであります。

二、中道を歩む魅力

生命活動とはどういうことか？

さて、あらゆる粉飾や肉付けを取り去って、人間、否、あらゆる生物の「生存」という状態または「生命活動」というものの骨組み、つまり、最も基本的なその解明をしてみれば、それは次のような説明になるでしょう。

それは「**自然発生した緊張**」と、その緊張をゆるめるための「**人為的な弛緩《しかん》**」の繰り返しに過ぎない。

生物は生きて行くために、何かを欲します。すると、全身に緊張が生じます。この緊張が強く、あまりにも長く続きますと、それは生命の危険さえ生じます。そこで、必然的かつ本能的に生物は、その緊張を解こうとし始めるのです。

例えば、生きていると、まずお腹が減ります。すると食物を得たいという欲望が派生し、身心は緊張体勢に入ります。この緊張体勢が継続することは生体にとって不快であり、この不快を取り除くために、人は（人だけでなくあらゆる生物を含めて）食物を求めるという行動を起こします。

そして、この食物を得て、食し終わったとき、この緊張は解かれ弛緩《しかん》状態が得られ、このとき、身心に安息が訪れるのです。

しかし、人間には食物を求める以外にも、いくつもの他の欲求が生じます。

そして、何か欲しいとか、やりたいとか、あるいはやりたくないとかという欲求とともに、身心が緊張し、そして、目的が達せられないと、その緊張は持続し、ときにはその緊張感は増大していきます。

ここで人生において、望むことが得られる場合と得られない場合について考えてみてください。ほとんどの人にとっては、望むものが得られない場合のほうがずっと多いはずです。

だとすると、身心には緊張が持続し、それは弛緩《しかん》しないままに、やがては肉体の細胞自身が破壊されていってしまうことが考えられます。これがいわゆるストレスです。

ですから、欲求が目的を達しないからといって、その緊張持続を放置しておくことは大変に危険なのです。

〈緊張をゆるめる２つの方法〉

①獲 得 す る

努力と才覚で欲するものを手に入れて緊張をゆるませる

②諦めてしまう

得がたいことを知り、それを諦めることによって緊張をゆるめる

このように、緊張は一律的に、放っておいても発生してくるのですが、この弛緩《しかん》には二つの方法があるのです。それは、欲しているものを、

①獲得する

②諦《あきら》めてしまう

このいずれかの方法によって、緊張感から解放されるのであります。

ところが、前に述べたとおり、この世の中は、人間にとっては欲するものが手に入るよりも、なかなか入りがたいケースのほうが圧倒的に多いので、したがって、②の諦《あきら》めてしまう、という技術によって、自分の緊張を取り去らねばならない、という場合の方がグッと多くなる

のです。

緊張と弛緩のバランスをとる

「生を営む」という行為は、以上述べたように、「自然的に発生してきた緊張」を、いかにして「人為的に弛緩《しかん》に導くか」ということであるといっても、けっして過言ではありません。

したがって、「良く生きている」という状態とは、この緊張と弛緩《しかん》のバランスがとれている生活状態だといえましょう。また、幸福に生きるためには、このような生活状態がその根底になければならないはずです。

そのためには、どのように自己をコントロールすればよいのでしょうか。

その答えは簡単です。**「時に求め、時に諦《あきら》めればよい」**のです。

しかし、答えは簡単ですが、その実行はじつに至難の技といわなければなりません。われわれ人間はとかく執着し、それより逃れられぬ故に、いろいろと身をあやまることが非常に多いからです。

「把放自在《はほうじざい》」という言葉が禅語にあります。

これは手を握ったり、放したりが自由にできるという意味ですが、これについて、私は思い出すことがあります。

私はかつてフェンシング、つまり西洋剣術を習っていたことがあるのですが、このときの先生が、私に次のようなことを言ったのを今もよく覚えているのです。

「剣の柄《つか》を握るのは、力を入れても、また軽すぎてもいけないのです。それは小鳥を掌に入れているような感じで持つのがよろしい。もし、握り方が強ければ、この小鳥は死んでしまうし、弱すぎれば、この小鳥がパッと逃げてしまうでしょう。

つまり、強すぎれば剣の動きは死んでしまうし、弱すぎれば、剣そのものが手から飛ばされてしまうということです」

剣の柄《つか》はこの場合、私たち人間の生命の働きそのものを表しています。この活殺自在《かつさつじざい》こそ、把放《はほう》の案配《あんばい》にかかっているのです。

悩みとは何か？

「人生における悩みとは何か？」

この答えは、恐ろしく簡単です。なぜならば、その答えとは、何によらず、この、「弛緩《しかん》がうまくなされていない状態、それが悩みというものの実体である」からです。

ほとんどの場合、緊張のほうは、放っておいても、自然に発生してきます。ですから、そのほうはあまり考慮しなくてもよいのです。大切なのは弛緩《しかん》のほうで、これを、

①努力と才覚で、欲するものを手に入れて緊張をゆるませるか、

②とうてい得がたいことを知り、それを諦《あきら》めることによって、緊張をゆるめるか、

のいずれかの方法によって、弛緩《しかん》が得られれば、すなわち「悩みは消失する」ことになり、弛緩《しかん》が得られなければ「悩みは存続する」ということになるわけです。

ですから、人生においては、まず自己弛緩《しかん》の技術に長じ、それの達人となることが、幸福な人生創造への必須条件となることが、これで皆さんにもよくおわかりいただけたことと私は思うのです。

では次に、具体的にどのように弛緩《しかん》するのかというと、まず、自分の心の動きをよく観察しなければなりません。そして、その観察は、静かな落ち着いた精神状態でおこなうことが最も大切なことです。

この時の静かな精神状態を得るために、古来から瞑想術、座禅術、呼吸法が開発されてきたわけです。そして、座ってやるその技法も、慣れれば、日常生活の中において、一瞬のうちにその心境を得ることができるようになるのです。

このようにして得た静寂の精神状態をもって、現在の自分の心の動きを観《み》るならば、自分の心のあるがままの状態が、即座に理解されます。そして、もしそこに「幻想に対する衝動」が強く作動しているならば、それを直ちに解消したり、その力を薄めたりできるのです。

ここで、「衝動の力を薄める」という言葉を用いたのには意味があります。というのは、私の考え方としては、この衝動というものを完全なゼロ化をする必要はない、としているからです。

聖人や賢人を目指す場合ならいざ知らず、ふつうの凡人にとっては、一気に「空《くう》」の境涯に入れといわれても、なかなかに難しいことであるからです。

そこで、不完全あるいは不徹底のそしりはまぬがれないでしょうが、ある程度のところで手を打とうというわけです。それには次の荘子《そうし》の言葉が役に立つでしょう。

「善を為《な》すも名《めい》に近づくことなかれ、悪を為《な》すも刑《けい》に近づくことなかれ」

これは、世のためになる善いことをやってもよいが、名誉が与えられる段階まではしないほうがよい。また、かりに悪いこと、これはまあ他人を泣かせるほどではない、いってみれば、不道徳なことぐらいのことでしょうか、このような良くないこととされていることをやってもよいが、法律に触れるところまでやってはいけない、といった意味でしょう。

荘子《そうし》は、人間的欲望つまり衝動というものも、ある程度は許容しているわけです。

私は、衝動のセーヴとは、要するに「身心の緊張排除」に、主目的があるのであって、ときどき思いついては、瞑想（第七章で解説）などをおこない、衝動欲のエネルギーを薄めればよいのではないかと考えます。

すなわち、心機一転、悟りを開いて、無欲無執着に徹するといったような人間離れをする、いわば聖人的行為をおすすめしているわけではけっしてないのです。

未練たらしく、人間くささを残しながらも、しかし、自らの衝動欲に惑わされることもなく、ゆったり楽しみながら人生を生きていく、こんな具合の自己コントロールがよいのではないか、と思います。

このような生き方について、荘子《そうし》は次のような具体的なたとえ話を残しております。これは「おくれたる者を視《み》て、之《これ》に鞭《むち》打つ」という言葉で知られた教えであります。

昔、中国に田開之《でんかいし》という養生《ようじょう》の道の大家がおりました。ちなみにここでいう「養生《ようじょう》」とは肉体健康面のことばかりではなく、世間をわたっていく保身の術も兼ねあわせている言葉です。

あるとき、ある国の王様が、この田開之《でんかいし》に質問しました。

「養生の秘訣とは、いったいどんなことか？」

これに対し、田開之《でんかいし》は「おくれたる者を視《み》て、之《これ》に鞭打《むちう》つ」という心がけが大切だと答えたのです。

これは、羊の群れを移動させて行く時、その多くが一団となって動いている時は、その流れを見、その流れについて行けばよいが、一頭、二頭と集団からはずれて遅れだした時は、即座にそれらに鞭を加えなければいけない、という意味なのだそうです。

そして、彼はそのためのたとえ話として、次のような話をしたのです。

「昔、魯《ろ》の国に単豹《たんぴょう》という者がいました。彼は優れた養生家で、七十歳になっても、つやつやとした肌をもち、非常に健康であったのですが、不幸にして、あるとき、山中で虎におそわれ殺されてしまいました。

一方、張毅《ちょうき》という男がいまして、この男は世智にたけ、人あたりもよく、努力家でもあって、目上の人の引き立てもあって出世したのですが、あるとき、熱病にかかり、四十歳であっけなく死んでしまったのです。

さて、この二人の例を考えてみると、単豹《たんぴょう》は自分の内側を養うことに専念しましたが、虎という外からの災いにあって死んでしまいました。

張毅《ちょうき》は、世間という外側に対して、いろいろと心をくばりましたが、内側から起こった病気で死んでしまいました。

すなわち、この二人は、自分の遅れている部分を発見し、それに鞭《むち》打つことを忘れたために、自分の身を滅ぼしたのであります。故に、真の養生とは、おのれの内外に常に目をくばり、生をまっとうするものでなければなりません」と結んだのであります。

この話より私は、とかく人は何かに片寄りやすく、その片寄りが残留緊張を保持し、増大し、ついにはその人の運命や生命までも滅ぼすに至るのだ、というふうに解しているのです。

悩みと魅力は逆比例する

これはもはや一つの公式です。

「その人の悩みの量は、その人の魅力の量に逆比例する」のです。

すなわち、悩みを多く持つ人には魅力が少なく、他人を魅《ひ》きつけることができないのです。

これは、ちょっと考えてみれば、すぐわかることです。

すでに皆さんは、この書の冒頭で理解されたとおり、魅力とは他人に何かを与えることによって生じ、他人に何かを求めることによって消滅する、この公式から考えれば、結局、与えるということは、他人の何かの悩みを払い去ってやることであり、そして他人にそれをしてやるためには、まず、「自分が悩みのない人」であることが必要になってくるからであります。

ここで誤解されてならないのは、悩みが多いということと、問題を多く抱えているということは全く別問題であるという点です。

悩みとは、あくまで主観的なことで、それは要するに、心身が緊張しているという現象にしかすぎません。

たとえば、病気だったり、会社が思うように儲からなかったとしても、それは客観的事実としての外部的要因であり、それについて悩んでいなければ、その人にとっての悩みは存在しないことになります。

これは要するに、自己コントロールがうまく行なわれている状態であり、この自己コントロールがうまく行なわれているということは、弛緩《しかん》がうまくいっているということになります。

悩みの少ない人は、他人の悩みを救ってあげることができ、そしてこれこそが、その人の魅力を発生させる根元的な力なのであります。

問題と悩みの量

そもそも悩みが多いとは、必ずしも、解決しなければならない問題を沢山かかえている、という意味ではありません。

ここのところが、多くの世人が間違えて考えているところなのです。

問題とは外部にあり、悩みとは内部にあるものです。

そして、問題の量と悩みの量は必ずしも正比例するものではありません。

成功する経営者は、常に解決しなければならない問題を山のようにかかえているが、彼は精力的にそれらに取り組み、その解決に全力をあげています。しかし、悩んでいるわけではありません。

これに反して、失敗者は、僅かな問題にも、くよくよと悩み、自分の不運を嘆いたり、その苦しみを他人に訴えたりしています。

成功者は、その問題を解くのを、むしろ楽しんでいるようにすらうかがえるのです。すなわち、彼は人生芝居という現在進行形のドラマを楽しんでいるのです。

一方、失敗者にその余裕はありません。

ここで注意しておきますが、この余裕とは経済的余裕のことを意味しているのではありません。あくまでも精神的な余裕のことであります。

「なあに、まかり間違っても、命に別状はないんだ」といった風に、高《たか》をくくって人生を眺める態度も時には必要なのです。

人間にとって最悪の状態とは、死ぬことだと考えてみるならば、人生におけるたいていの場合は、最悪の状態までは行っていないものでしょう。

また、この最悪の状態は、つまり死は遅かれ早かれ、いずれは誰の身にもやってくるのだから、その日のくることについて考え、悩んでも仕方のないことでしょう。

問題を抱えている人こそ、強力に生きる

生きているかぎり、人間は必ず解決しなければならない問題に直面します。

「天は雨を雑草の上にも、稲の上にも降らす。天に人心はないからだ」

と二宮尊徳はいいました。

そして、この雑草を除き、稲が育つように手を貸すのが人道《じんどう》である、といいました。

つまり、人生においては、除かねばならぬ雑草すなわち問題が、次から次へと生じてくるものなのです。

成功者はエネルギッシュに、その問題に取り組んで行きます。しかし、失敗者は、「なぜ雨は雑草の上に降るのだろう」と天を恨《うら》めしく思うのです。

人間で問題を抱いていないものはいません。もしいるとすれば、それは墓場に眠っている死者だけです。

死者は問題を一つもかかえてはいません。これはつまり、問題をかかえていることが、生きていることの証しだということなのです。

とすれば、より多くの問題をかかえている者は、より強力に生きている人間であるという考え方もできるのではありませんか。

問題に対し、その対応策をさまざまにめぐらし、その解決をはかるということは、問題について悩んでいるということとは異なるのです。

私たちは、問題だらけの自分の人生について、愚痴《ぐち》をたれたりしてはなりません。もしそのようなことをすれば、ツキはただちに自分の身から逃げていってしまうでしょう。

中道《ちゅうどう》を歩め

もう一度繰り返し、ここで明らかにしておきますが、要するに、「魅力があるためには、悩みがより少なくなければならない」ということです。そして、「悩みがないということは、自己緊張がうまく弛緩《しかん》されている」ということであり、そして次の点が最も大切なことですが、「その弛緩《しかん》とは、徹頭徹尾《てっとうてつび》、自分自身の力でやるしかない」ということなのです。

そして、その弛緩《しかん》の方法には、

①得る
②諦《あきら》める

の二法があります。

人間が良き弛緩《しかん》を得るためには、この二法を、ケース・バイ・ケース、その時処に合わせ、また自分の資質にも合わせて、適宜《てきぎ》、その二法をうまく組み合わせていかなければならないのです。

ここで非常に大切な真理が一つあります。それは、いかなる人間も、この二法のどちらかへ徹底して生きることはできない、という事実です。

つまり、私たちは、得ることのみ追求して生きることはできないし、また、諦めばかり大切にして生きることもできない、という非常に単純明快な真理があります。

ところが、とかく人間は、この単純きわまる真理に対して、盲目になってしまうのです。

たとえば、仏教のほうの訓戒《くんかい》として、「吾唯足《われただた》ることのみを知る」という言葉があります。

しかし、これも、一つの振り子作用として、反物質欲であろうとする心理的努力の表現としてあるだけであり、物質欲を「できうる限りにおいて」否定しようということにすぎません。

この「できうる限り」というところが限界なので、すなわち「有限」の世界に生命体があることの証明をするものです。

つまり、私たちの生命が肉体を有する限り、それは「有限」によって縛られているのです。それは、決して、「無限に無欲ではあり得ない」のであります。

なぜならば、それは生存本能の否定までなさねばならず、そうなれば、生命体の存続はあり得ないからです。

しばしば、「私は人間的欲望を捨てた。そうしたら、非常に楽になり、安心の境地を得た」などという人がありますが、それは、それまでの生活を貪欲であったと反省し、その欲望をある程度まで制限したという程度、あるいは段階の差にしかすぎないのです。

今夜のおかずは何かな

ある禅宗の僧林の管長の老僧の話です。

その老僧は九十歳を超えて、なお元気であり、後進の弟子たちの尊敬を一身に集めておりました。

老僧は、あらゆる幻想を超越しており、あるがままの現実をあるがままに受け入れて、何の不満をも示すことがなかったのであります。

しかし、この老僧には奇妙なくせがありました。それは、彼が側近の僧に、「今夜の晩飯のおかずは何かな?」と毎日尋ねることなのです。老僧は、どうも夕飯のおかずが何かと考えることが楽しみな様子です。ちなみに、その食事は禅寺の食事ですから、一汁一菜、それに漬物少量がついた麦飯の質素なものです。

しかし、老僧は毎日それを弟子に尋ねるのです。

そこで、弟子の一人が、「和尚さん、なぜ夕飯のおかずのことなど、毎日尋ねるのですか?」と聞きました。

ここで老僧は次のように答えました。

「わしはな、この世に執着というものはほとんど覚えなくなっている。そこで、晩飯のおかずは何かな、と考え、それを楽しみとするのは、わしの肉と霊を結びつけている、いわばイカリのようなものじゃ。だから、この楽しみもなくなれば、それは、わしの霊が肉と離れて、おさらばする時なんじゃな」

そして、ある日、老僧はその夜のおかずについて尋ねないことがありました。

翌朝、老僧は床の中で亡くなっていたのです。


人間、七十を過ぎて、なお物欲、色欲を狂ったように追求するのも異常ですが、二十そこそこで、無欲であろうとするのも、また異常であるといわざるを得ません。

「得る」と「諦《あきら》める」は、あくまでも、自己弛緩《しかん》の技術にしかすぎず、そして、各人は知らずして、その中間を常に歩いております。ある人は右寄りに、そしてまたある人は左にグッと寄って……。

その中間が、その時代、その場所、そして、自己の資質にとって、うまく適合しているかという適正な判断こそ必要なのです。

そして、この良き判断をもって得られたその地点こそ、古来より仏教では、「中道《ちゅうどう》を歩む」と表現しているのです。

「自分にとって、中道《ちゅうどう》とは、いったいどのあたりであろうか？」

このように自問するところに、初めて、あなたの運命の道は開けてくるのでありま す。そして、悩みなき人生、魅力ある人柄というものが、ここにおいて同時に得られてくるのです。

中道《ちゅうどう》と魅力

中道《ちゅうどう》を常に歩もうとしている人は、人間的魅力の基本的なものを身につけている人だということができましょう。

なぜなら、この人は、右か左のどちらかが人間にとっては絶対必要である、といったような強い主張を人に対してしないからです。

「自我の強い人」が、特に人に嫌われるのは、自分の意見を他人に押しつけることによります。

これらの人は、他人を自分と同じ意見にしたがります。このことは、一見その人は賢く、優位に立っているように見えますが、その実は、他人に、「求めている」のであります。

つまり、自分と同意見になってくれるよう、頼み込んでいる姿なのです。

例えば、世界的ベストセラー『人を動かす』『道は開ける』の著者デール・カーネギーは、「若い日、私はこのような失敗をした」という書き出しで、面白いエピソードを掲げています。

あるパーティーの席上で、前の人が立ち上がって、ちょっとしたスピーチをしました。その演説の最後で「この言葉はバイブルから引用した」と言いましたが、それはバイブルの言葉ではなくて、シェークスピアの台詞《せりふ》の一つだったのです。

そこでカーネギーが「それはシェークスピアの言葉です」と言ったら、その人ははなはだしく怒って、「絶対にバイブル」と言い張ります。

ところが、折りよくカーネギーの横にシェークスピアの専門家である大学教授がいたので、カーネギーは、この先生に助けを求めました。

「ね、君、あの言葉はシェークスピアだろう？」と言ったら、「いや、あれはバイブルだよ」と答えました。

そこでカーネギーははなはだしく面目をつぶしました。そして、帰り道、カーネギーはその教授にくってかかりました。ちなみに教授はカーネギーの友人だったのです。

「君はどっちの味方なんだ。あれはシェークスピアだ。誰だって知っているじゃないか」

「そうだよ。あれはハムレットの第何幕の何場の何節だよ」

「それを知っていて、君は…」

「よく考えてみたまえ。おめでたいパーティーの席上で君が真実を言ったら、相手は面目を失ったうえに、君を恨《うら》みに思って、終生忘れないだろう。それに座はシラけるじゃないか」

そもそもパーティーというものの主目的は、友好関係にあるわけです。お互いが和気あいあいとして、交流するための場所なのです。もし、これが大学の教室のように勉強する場所であったら、そのようなことは許されません。なぜなら、そこはシェークスピアかバイブルかということをただすための場所だからです。

大事なことは、大学の教室において善なることは、パーティーの席上では悪になるという事実をよく知ることです。

つまり、変化せざる善はない、変化せざる悪もないということです。すべてはTPO、時間と場所と状況によって、すべてのものは変化します。

ところが、われわれは固定観念をもって進んで、真実をただすのが自分の使命だと思っています。仏教の八正道《はっしょうどう》（仏陀が最初に説いた仏教の基本的な八つの教え）の中に「正語《せいご》」、つねに正しいことを語れということがあります。それを信じてしまうと、パーティーの席上で相手の面目を踏みつぶして、自分の運が悪くなることもあります。

カーネギーは、ここで自分はじつに愚《おろ》かだったということを知りました。それ以後、人が個人的に重要だと思っている感情を傷つけることはけっしてするまいと誓いました。

彼は、こういうことを文章にまとめたり、ルールにしたりして、メモをつくっています。そのメモをもとにして、人に話しているうちにたくさんメモがたまってきました。出版社の人に見せたら、これが本になって、世界中に売れました。何千万部もです。日本でも、よっぽど小さな本屋でないかぎり、カーネギーの本がない本屋はほとんどありません。

このように、「**求めれば、すなわち、魅力は失われる**」という、この書における基本公式は、ここにも厳然と示されております。

この点、中道《ちゅうどう》にあろうと努める人は、常に「相手にも一半の真実を認めよう」とする人です。つまり、相手の意見にも、何か意味があるはずだと注意を払おうとするのです。

そしてまた、自分の考えは絶対的に正しいと考えているわけではありませんから、自己の意見を他人に聞いてもらうことを求めたりもしません。

ひと口で言えば、これらの人の心構えは柔軟であり、それが人的関係において、一種の緩衝《かんしょう》地帯の役目を果たすのであります。

この世における、主義主張の対立とは、ほとんどの場合、二つの陣営のどちらかに立つものです。つまり、「精神」か「物質」のどちらかの陣営です。

日本において、最もポピュラーなお経は、般若心経《はんにゃしんぎょう》ですが、このお経では、精神面を「空《くう》」といい、物質面を「色《しき》」と呼んで、この二者は本来一つのごときもの、すなわち、不二一如《ふにいちにょ》であると説き、この二者の対立を解消しようとしております。

これは、つまり、仏教思想の真髄である中道《ちゅうどう》のあり方を示したものです。

さて、この項を結論として示せば、それは「中道《ちゅうどう》と平和と魅力とは、本来一体なるものである」ということになりましょう。

和とは悩みなき状態

結局のところ、平和とは、要するに悩みのない状態をいうのでありましょう。

それは、外的には、他人と衝突や軋轢《あつれき》のない状態であり、内的には、心の中に否定的な想念の波立ちのない状態を意味しております。

これは、例えば「自由」というテーマにおいても同様です。

自由とは、外的には、他人によって自分がしばられたり、何かの強制を受けたりしない状態であり、内的には、心にこだわりがなく、自在に意識が働いている状態をいいます。

もし、私たちが、自分に対してか、あるいは他人に対してか、「無欲であれ」と説き、その勧めがあまりにも厳しいものであれば、そこには冷たさと、非人間的な酷な一面が生じ、そこに「和」の暖かさが失われ、自他の心から、伸び伸びとした自由性が失われるでありましょう。

このように、私たちは、とかく清く、正しくを指向するあまり、自分と他人との間で、「平和」と「自由」を損ないがちになることに、なかなか気づかないのです。

ごく若い頃、私は、マルクス主義について、何かの本を読んだ時、これは「虚構の論理」であることを強く感じ取りました。

それは、人間の所有欲は、本能的なものではない、といっている点についてです。それは後天的に学習されたものであり、したがって、人類が共に生産し、共にそれを分かち合うならば、個人的な所有欲は滅するであろう、とほぼこのように主張しているように思われます。

私は、若くてまだ知識がそう豊かでもない頃においてさえ、これを「嘘だ」と肌で感じ取りました。

「所有」や「蓄積」は、生存本能の一部です。なぜなら、私たちはそれを、人間以外の自然界に見ることができるからです。

犬はなぜ骨を地面に掘って隠すのでしょうか？　モズはなぜカエルやトカゲを木の枝にはりつけにしておくのでしょうか？

多くの動植物は、冬に備えて、食料をさまざまな形で蓄えようとします。それは、すべて自分の生命を自然の驚異から守ろうとする「本能的な恐れ」によって行なわれるのです。

人々は、他の生物と同じく、蓄えによって、この本能的な恐れを軽減し、安心を得ます。それ自身はごく自然な生命活動の一端であり、そこには責められるべきものは何もありません。

ただ、その所有欲のために、他人を傷つけたり、犠牲にしたりする場合において、それは道徳的に非難されるべきでしょうが、それは、その罪は所有欲自身に帰せられるものでは決してないのであります。

一九六九年に、私はモスクワ空港に降り立ったことがあります。この時、空港に働くロシア人たちの無気力さ、サービス心のなさに強い衝撃を受けました。

公共の施設において、ノルマばかり強制されて働く人間は、こうなってしまうのか、とあらためて、かつて私の感じた「所有欲の否定」に対する疑惑が正しかったことを思い知ったのです。

また、かつて、経済および農業政策が不振に終わった中国では、個人的な土地の所有と、個人のビジネス収穫の所得の自由制をかなり認めた結果、急速にGDPを伸ばし発展しつつあります。

所有欲とは、このように、それは「自然の一部」なのです。それは、人為的なものではありません。

ですから、私たちは、この所有欲を別段恥ずる必要もありませんし、かといって、開きなおって誇示する必要もないのです。

私たちは、決して、自然を無視するわけにはいきません。もし、そのようにしたら手ひどいしっぺ返しを食うことでしょう。

しかし、私たちは、自然の驚異に対して、そのまま屈するのでもありません。ここに文明を立て、人間社会を育ててきたのは、自然を滅するのではなく、それに従いつつも、うまく利用してきた人為的な知恵によるものであることが理解できるのです。

結論として言いたいことは、「**所有欲とは生存本能の一部であり、私たちは自他のそれに対し寛大であると同時に、また、自己のその欲望をうまくコントロールしなければならない**」ということであります。

このようにすれば、私たちは、「**まず、自分の悩みを消し、ついで心の平和と自由性を得、それは他人に何かを与えるための余裕を生み出す故に、その人の魅力の一部となる**」という公式を行なうに至るのです。

第四章　人々は自己重要感に飢えている（群居衝動と自己重要感　その一）

【人蕩《ひとたら》しの要諦二、三】

一、相手の重要感を充足してあげる

最高の人間的魅力とは？

中国古代史『史記』における最も有名な宿敵同士、「項羽」と「劉邦」について、ここで少々比較してみたいと思います。

一般的にいわれる「魅力的要素」という点からいえば、項羽は劉邦などとは比べものにならないぐらい、際立って優れたものを有しておりました。

まず第一に、項羽は美丈夫であり、劉邦は短足でデブのぶ男だった、といわれております。

次に、項羽は学もあり、智謀に秀でた部将であり、劉邦はヤクザの親分あがり、現代の俗語でいえば、およそダサイ、オジンというところでしょう。

しかも、この二者が戦えば、劉邦は百戦して百敗すといいますから、項羽には敗け続けであったわけです。

この彼が項羽に殺されなかったのは、ひとえに中国という大陸の広大さであり、逃げ込める地域にこと欠かなかったためと察せられます。

このさっそうたる英雄的風貌の、言い換えれば、あらゆる魅力的要素十分の項羽が、すべての点において劣っていたと思われる劉邦によって、なぜ滅されてしまったのでしょうか？

私は、その最大の理由は、次の一点にこそかかっている、と考えるのです。

それは、

「劉邦は人心を魅《ひ》きつけ、項羽は人心を離反させた」という点です。

では、なぜ劉邦は人心を魅《ひ》きつけることができたのでしょうか？　その答えは、

「彼は、人々の群居衝動と自己重要感を充足させ続けたから」なのであります。

劉邦は自分が無教育な人間であることを自覚しておりました。それで、遊説者が来て、政治や軍略について説くと、その言葉に真摯《しんし》な態度でじっと耳を傾けました。世の中に、この遊説者ぐらいプライドの高い者はないでしょう。

一国の王様が、相手の言う言葉にじっと耳を傾け、しかも、その相手を師として遇したのです。

「士は己れを知るもののために死す」という言葉が中国にありますが、これはまさに、自分の自己重要感を最も高度に高めてくれた者のためには、命まで投げ出して尽くして悔いないという気持ちになることを示しております。

こうして、この遊説者は劉邦の食客となり、劉邦の身内側近はこのようにして増えていったのです。

一方、項羽の方はというと、彼は自分に才があるだけに、他人の才をあまり認めなかったといえます。また、彼にはそれだけの力の実績も十分すぎるほどありました。項羽は側近の進言や忠言に対し、傲慢な態度をもって臨《のぞ》みました。

これは、進言者のプライドをいたく傷つけ、同時に項羽に対する群居衝動も損なわれたのです。こうして、項羽の周りからは、次々に人は離れ、その反対に、劉邦の周りに有能の士は集まってきました。

項羽の最後は劇的です。

楚《そ》の国の言葉は本来は彼の国の言葉なのです。しかし、彼から離反して劉邦の側についていったおびただしい兵士たちは、項羽のたてこもる城を包囲し、夜中、城の周囲で兵士たちの歌っている詞が、みな楚の歌なのです。

「四面楚歌《しめんそか》」は、この状態を言い表わしたものです。

これはつまり、他人を遇する時、その人を自分から追いやることばかりを繰り返していた自信家は、遂には、その追いやった人々によって滅ぼされる、といった教訓を含んでいるのであります。

ですから、四面楚歌とは、ただ単に孤立無援、周囲皆敵という状態だけを意味しているのではないのですが、後世では、どうも誤って解釈されたようです。

項羽と劉邦の史実は、私たちに、

「人生における成功の要諦は、魅力にあり、そして、その魅力を得る最大の秘訣は、自分にとって有用なる人物の自己重要感を充足させてやり、もって、彼の自分に対する群居衝動をより強く喚起《かんき》せしむるところにこそある」という原理を教えてやまないものです。

本田宗一郎と藤沢武夫の出会い

ところで、創業間もない本田技研工業は経営全体としてみれば、順調というには程遠い状態だったそうです。

本田宗一郎は売掛金の回収などにはまったく興味はなく、技術や生産にもっと打ち込みたかった。そして出会ったのが、藤沢武夫、のちに副社長になる人物です。このとき本田宗一郎四十三歳、藤沢武夫三十九歳。

二人は共通の知人の紹介で知り合い、たちまち意気投合しましたが、その後、藤沢が浜松の本田の家を訪れたときには、「この男と本当にやっていけるのか。二人が組んで大丈夫か」とまだ一抹《いちまつ》の不安が残っていたそうです。

しかし、藤沢が本田の家に上がり、宗一郎の妻さちが打った山盛りのうどんを目の前にして藤沢の心が決まったと、のちに藤沢は自らの著書で述懐しています。

「けっして裕福とはいえない宗一郎の妻さちが、自分の亭主を助け、一緒に仕事をしてくれる人が東京からわざわざ尋ねてくるということで、食べきれないほどのうどんを自分で打って、大きなざるに山盛りにして出した。そんなさちのもてなし方に胸を打たれました。こういう女房がいる男ならば信用しても絶対に間違いはない」（井出耕也著『ホンダ伝』）と腹の底から納得できたというのです。

後年、藤沢は「奥さんの気持ちが伝わってくるのです。あの奥さんをもった本田は幸せです。もしも奥さんがうどんを小さなざるで出したら、私は（本田宗一郎と）手を結ばなかったかもしれない、と思うぐらいです」（藤沢武夫著『経営に終わりはない』）と述べています。

いうなれば、奥さんのつくった手いっぱいのご馳走が、藤沢という男の自己重要感を満たし、本田宗一郎という男に対する群居衝動を強く喚起せしめたといえるでしょう。

余談ですが、この二人は二十四年後の昭和四十八年にそろって社長、副社長を辞めるのですが、藤沢武夫が辞任直後、本田技研の社内報の一つ『監督者弘報』に次のような文章を書いています。

「今年の正月のころでしょうか、かねてのとおり今年の創立記念日には辞めたい。社長（本田）は今は社会的に活動されているので、どうされるかは、私から出ないほうが判断される時間を持たれるでしょうから。専務から私の意向を伝えてもらいたい」と申し入れました。

このとき本田は海外にでかけていましたが、その後、藤沢が辞めると伝え聞いて、「二人一緒だよ、俺もだよ」とだけ言ったそうです。

そして、二人が顔を合わせたとき、宗一郎が藤沢に向かって、

「まあまあだな」と話しかけました。藤沢は、

「そう、まあまあさ」と答えました。

「幸せだったな」

「本当に幸福でしたよ。心からお礼を言います」

「俺も礼を言うよ。よい人生だったな」とのことで、引退の話は終わったと述懐しています。

後年、藤沢は自分一人で辞めると決心したときの経緯を「たった一回の、初めての、そして終わりの大きな誤り」と述べています。

人の名前を覚える名人たち

名を成し、功を遂げた人の共通点の一つに、人の名前を覚える名人であることがあげられます。

故田中角栄元首相は、国会議員全員の顔と名前はもちろん、主な官僚の名前、出身校、入省年次まで正確にいえたそうです。

またアメリカのクリントン元大統領もホワイトハウスで働く多くの人々の名前、およびその人たちのバックグラウンドを頭の中に叩き込み、機会があるとすすんで話しかけたといわれます。

さらにGEのジャック・ウエルチも、CEO在任中は三〇〇〇人の社員の名前と顔を覚えていたと言われております。

非常に単純なことですが、私たちはエラい人に名前を呼んでもらうということだけでも感動するものです。それは名を呼ばれることで、群居衝動と自己重要感が満たされるからです。

さらに、セミナーを主催している会社のKさんに聞いたのですが、Kさんは自分が主催するセミナーに長嶋茂雄元巨人軍監督を招いたそうです。打ち合わせのために一回だけ長嶋さんに会ったそうですが、セミナー当日、会場のホテルにやってきた長嶋さんは遠くにいるKさんを見つけ、大きな声でKさんの名前を呼び、近寄るやKさんの手をにぎりしめたそうです。Kさんも驚きましたが、周りで見ていた人が「Kさんは長嶋さんと親しい間柄なんだ」とKさんを羨ましがった。

それ以来、Kさんはすっかり長嶋さんの大ファンになってしまったそうです。

これなども、相手の名前を覚え、「あなたのことはよく知っていますよ」という態度を示すことで、相手の自己重要感を大きく満たすことができる良い事例です。

人々は飢え渇いている

さて、この章のタイトルは、五大本能的衝動のうち、第二の群居衝動と第三の自己重要感を同時に二つ取り上げたことになっております。

なぜ、このようにしたかといいますと、それはこの二者が切っても切れない相関関係にあるからなのです。

もちろん、五つの本能的衝動は、それが単独で生起《しょうき》する場合は少なく、たいていは幾つかの他の衝動と関連し合って働くものなのですが、それにしても、群居衝動と自己重要感は非常に密接な関係をもって働くことが多いので、それでこの章は、あえて、二つの項目を同時に取り上げて、そのタイトルとしたしだいです。

私は現在の仕事（人生哲学）を始めてから、幾人もの成功した経営者に会う機会を得ましたが、彼らに一様に共通するのは、「腰が低い」という点でした。

これは昔からいわれている古いことわざ「実《みの》れば実るほど稲穂は頭《こうべ》をたれる」に示されるとおり、今さらこと新しい教訓ではありません。

彼らは相手の自己重要感を高めてやり、満足させ、その結果として莫大な報酬を受けているのです。

しかし、この古くて、よく知られた成功の原理を活用できないでいる人が、驚くほどこの世には多いのです。

会社や役所でいえば、係長クラスにこれが多いのです。彼らは威張りたがり、そのくせ上司には卑屈なまで低姿勢でもあります。

特に、役所にいて、何かの免許の認可などに携わっている職種に、よくこのタイプを見ます。

例えば、タクシーとか、マネキン紹介業などの認可をとろうとすると、認可条件とは特別関係ない、店の名前のつけ方にまでケチをつけたりして、認可をしぶったりします。

すると、相手は担当の役所員の機嫌を損じまいとして、ひたすら低姿勢になります。腹の中ではいまいましく思いながら、役所員の顔を立てようとするのです。

また、自動車の教習所の教員は、非常に横柄な態度の者が少なくありません。これも、教わる側は、早くライセンスを取得したいばかりに、じっと我慢して、低姿勢でいるのです。

彼らは、なぜこのようにして、他人の自己重要感を傷つけるのでしょうか？

その理由は、

「彼らの自己重要感がすでに病んでいるから」なのであります。すなわち、彼らは自己劣等感に深く悩んでおり、その苦しみに耐えかねているのです。

そして、役職を利用して、意地悪をしたり、尊大な態度を示したりして、自己の優位を確認し、日頃の劣等感の苦しみを少しでも和らげようとするのです。

しかし、これらの事例が示す、彼らの否定的な心理は、必ずしもそのような地位にある者だけの特別なケースではありません。

実は世の中のほとんどの人が、このような劣等感の前駆的症候群に悩んでいる患者たちなのです。そして、前記した役所員や教員は、たまたまそういうポストにめぐりあわせたために、その症状が一気に吹き出たものに過ぎないのです。

私たちは、もし、自分の自己重要感をあらかじめうまく充足していなければ、決して、他人の自己重要感を充足することに手を貸してやれないでしょう。なぜならば、自分のほうのそれを充足するために、他人の助力を必要とするからです。

その助力とは、相手に対し、尊大になったり、また自慢したりして、自分の優位を自他ともにおいて確認しようとする行為であります。

そして、このような助力を他人に請うことこそ、自分から魅力を失わせる最も効果的な方法であることに、ほとんどの人は気づいていないのです。

プライドの高い者のプライドを高める

「議論に勝って説得に成功したためしはない」という格言が西洋にあります。

これはけだし名言で、なぜこのような事態が生ずるかというと、それは相手の自己重要感を議論に勝つことによって、したたかに低下させてしまったことによります。

すなわち、傷ついた相手は、理論が正しかろうと間違っていようと、そんなことは問題ではなくて、要するに不快なのであり、そして、その不快を与えてくれた相手を嫌い、避け、そして無論そんな説得には同意しないのであります。

多くの人の錯覚は、他人の自己重要感を押し下げることによって、自分の自己重要感が逆に押し上げられるように感じていることです。

昔から、「非学者論に負けず（学問のない者は学問をした者と議論する場合にかえって負けないもの）」ということわざがあるように、道理を説き明かしても、白を黒と言い張ったり、自分に都合のよいように、無理に理屈をこじつけたりする人がいます。

このように、結果的には、水掛け論に引きずりこむ人は、私はちょっとやそっとではあなたとの議論には負けませんよ、という態度を誇示することによって、自己肯定的な構えを堅く守ろうとするのです。

このような場合は、あなたは相手を敬遠し、説得はあっさりと諦めるほかはないのです。

人間にとって、プライドつまり自尊心は必要ですし、これが無いと人に馬鹿にされます。しかし、このプライドが高すぎる者は心が傷つきがちなのです。

いずれにしても、多くの人は自己重要感をもって自分のプライドを守っているのですが、その故に、人間は自分のプライドを高めてくれた相手に対しては、心からの友情を抱き、逆に自分のプライドを低めた者に対しては耐えがたい憎しみの感情を覚えます。

だから、より多くの自分に対する援助者を得ようとするならば、人におカネを与えるよりも、その人のプライドを高めてやる方がずっと効果的だし、しかも、この方がおカネもかからないのです。

それなのに、ある人は「私はお世辞が嫌いな性分なので」などと言って、自ら宝の山を放棄してしまいます。

人間には面白い現象があります。それは、プライドが高い者ほど、プライドに飢えているということです。

つまり、この世の中では「威張っている人間ほど」自己重要感に飢えているというわけです。

だから、あなたは、プライドが高い相手に出会ったなら、その相手のプライドをもっと高めておやりなさい。これは、より効果的に味方を自分に引き入れる方法なのです。

競争相手は少ない

ですから、この世の中において、他人に抜きん出て、自分に魅力をつけるのは非常に容易だといえましょう。

何しろ、その競争率は恐ろしく低いのです。世の中じゅうの人々は、自分の自己重要感を充足できないまま、飢え渇いているのですから……。

ごく一握りの成功者とは、まず自力をもって自己重要感を充足し、ついで、他人の自己重要感を満たしてあげることに惜しみなく力を与えた人たちなのです。

日本の歴史上において、希代の人蕩《ひとたら》しであったのは、豊臣秀吉でした。

そして彼はまた日本における最高の成功者であったと言っていいでしょう。なぜなら、彼は最低の身分から最高の地位まで登りつめた稀有《けう》な器量人だったからです。

彼は一生を通じて、必要な人物は、皆自分の味方にしてしまいました。いや、彼らは気がつかない内に、秀吉の味方にされてしまっていたのだ、と言った方がいいでしょう。まことに恐るべきは、彼の人蕩《ひとたら》しの技だったのではありますまいか。

前にも述べましたが、「たらす」というのは、漢字で表わすと「蕩《たら》す」ということになります。音読みでは「蕩《とう》」です。

この字のもとの意味は「ゆらゆらと動くさま」とあって、まあ温泉にでも漬かって、いい気分で浮かんでいることでしょうか。これを「蕩然《とうぜん》とした気分」と言います。

この蕩然《とうぜん》とは、他人によって良い気分にさせられた、いわば催眠状態にあることのようです。

「出る釘《くぎ》は打たれる」

同僚から見れば、まさに彼は出る釘《くぎ》以外の何者でもありませんでした。これが余人であったなら、彼はとっくに卑劣な意地悪の手段をもって葬《ほうむ》り去られたでしょう。

その彼が幾多の意地悪な行為を受けつつも、出る釘《くぎ》として片付けられなかったのです。多分彼ら同僚はこんなことを呟いたことでしょう。

「たしかにあいつは気にさわるやつだが、こいつがどこか憎めないところがあってなあ」と…。

こんなことが何回も繰り返され、秀吉は難を逃れたのではないでしょうか。

彼は猿面冠者《さるめんかんじゃ》と馬鹿にされつつも怒りませんでした。それどころか、猿を演じて人を楽しませたのです。

彼は主君の信長に打ち叩かれてさえ、恨《うら》むことなく陽気にあかるく振る舞ったのです。

彼は人を恨むことがないだけでなく、人に恨まれることを極力避けたことと思われます。特に上司などの力ある者に対しては、その機嫌をそこねないよう心から気をつけたことでしょう。

秀吉が出世して、上位の者と身分が並んでくるようになると、彼らの自己重要感を傷つけないよう、それは気を使ったものです。

例えば、これは彼が武将クラスへ到達し、大名としての自分の名前を付けようということになった時、彼は織田家の最高の重臣である柴田勝家や丹羽長秀のところへ行き、こんなことを頼んだのです。

「ここでご両所のご武運にあやかって、お二方のお名前を頂きとうござる」

「どのようなことじゃ」柴田勝家は怪訝《けげん》な顔をします。

「されば、柴田殿の『柴』と丹羽殿の『羽』を取り、これをごろあわせ良くするために、羽を上に柴を下にして、『羽柴《はしば》』という姓にしとうござる」

ここで彼は羽柴《はしば》筑前守秀吉という名前になります。

柴田勝家にしても丹羽長秀にしても、物質的に何も損をしたわけではありません。

それどころか、自分の名前を尊び、敬意を表してもらったわけですから悪い気はしません。

また、秀吉は、今浜に自分の城を築いたとき、信長の名前の一字をもらい、今浜という地名を長浜に改名しております。

さらに、秀吉は毛利との戦さの最中に、信長に「中国を平定したならば、その国々は（信長の）お側につかえている野々村三十郎、福富平左衛門、矢部善七郎、森蘭丸らに賜りとうござりまする」と願いでています。

彼らは信長の側近であり、戦場においては情報、連絡の役目をし、平時は信長の会見の取次ぎなどをしていますが、武功をたてるわけではないので能力のわりには禄高がひくかったのです。

しかし、ある種の権力をもっており、秀吉のように常に戦場の前線にいる者は、彼らに嫌われると、信長に何を言われるかわからない。

それで秀吉は彼らの不遇感を汲み取り、彼らを見方につけようとしたのです。ただし、所領をくれてやるのは信長で、秀吉ではありません。

こんな具合で秀吉は多くの重臣の機嫌を取っているのです。すなわち、非常に巧みな人蕩《ひとたら》しを秀吉は行なっております。

疑いもなく、秀吉が天下を手中におさめた最大の理由は、かつて劉邦が用いた戦術と同じ方法を採用したことによるものです。

それは、

「人の自己重要感を満たしてやること」この一点にかかっていることです。

前述したように、この世の人生競争の場においてこの競争率は恐ろしく低いのです。なぜなら、九十九パーセントの人々は、自分の自己重要感の充足がうまくできないまま、飢え渇いており、その身を焼くほどにもだえている最中において、とても、他人の自己重要感を満たしてあげるだけの余裕はないからです。

ですから、もしあなたが、自分の自己重要感を自分の手で充足することができたら、あなたの魅力は一気に増加し、そしてさらに、他人の自己重要感を高めることに手を貸してやれるならば、たとえ、あなたにさしたる才能や能力がなくても、この世における物質的成功はもう約束されたも同然となってくるのであります。

二、自己の内に重要感を充実させよ

自画自賛のすすめ

では、どのようにすれば、この自己重要感を自らの手で充足できるのでしょうか？

はい、ではその結論を言ってしまいましょう。その最高の方法は、

「**自分の内において、自画自賛を行なうこと**」にあるのです。

すなわち、自分を自分でほめ、得意になり、うぬぼれるのであります。

本田宗一郎も「うぬぼれと瘡気《かさけ》のない奴なんてのはいない。自分が可愛い証拠だし、自分を大事にするという表現だと思う。人間というのは『オレはダメだ』と本当に思ったら、これはもうどうしようもない。鼻もちならない。うぬぼれがないと、他人にもけっして惚《ほ》れてもらえないものだ」（城山三郎・河島喜好他著『本田宗一郎の人の心を買う術』）

ちなみに、このことを端的にあらわした言葉「自惚《うぬぼ》れもやめればほかに惚《ほ》れ手なし」というのが本田宗一郎の好きな言葉の一つだそうです。

「ただし、自分の内においてだけ！」これが最も重要な点です。これは決して、他

人の前でやってはいけません。なぜなら、それには最大の危険性が待ち受けているからなのです。つまり、相手の自己重要感を低下させるという危険性が……。

ここで、自分の身を守るという、すなわち「保身の配慮」ということが必要になってきます。それはどういうことでしょうか？

これは自分の持っているプライドをひた隠しにしておく、ということです。なぜなら、それが、わが身を安全に保つ方法だからなのです。

先に私は人間にはプライドが必要である、と述べました。しかし、自分のプライドを表現することは、しばしば他人の不快感を買うことも多いのです。

この故に、自分のプライドの表現をできるだけさし控えておいた方が安全なのです。いや、と言うよりむしろ、自分のプライドには無関心であるように振る舞った方が無難であると言えましょう。

しかし、人間は自分のプライドを表現したい欲望を持っていることも事実です。

つまりそれは、自己重要感を発揮したがる本能的衝動の現われであると言ってよいでしょう。

とかく人間は、他人からは賞賛される人物でありたい（それが自分のプライドを高めることです）。しかし、それ以前においては、そのような欲望を抱いていることには、無関心であるように装いたいのです。

つまりそれはこういうことです。

人間は他人にプライドを高めてもらいたいのですが、そのような欲望を持っていることに、恥ずかしさを感じてもいるわけなのです。

ここはやはり、自分のプライドについては、それに触れないほうが無難でしょう。自分のプライドを高めたいと思うと、どうしても自分の自慢話になってしまいがちだからです。

自分の自慢話は当然聞き手に不快感を与えます。だから、自分のプライドを高めたいという衝動はできるだけ抑えておいたほうが安全なのです。それが自分の身を守る保身の秘訣です。

しかしながら、これもその度が過ぎると気分が陰うつになってくることがあります。

人間はたまには自慢話の一つもしたいし、またそれが明るい自然の気分でもあります。

まあ、人との付き合いは、よく言われるように、「塩梅《あんばい》」を見てというものでしょう。保身も過ぎれば暗くなり過ぎるし、自分のプライドを高め過ぎると、人の不快感をかうのです。

他人の助力を請う人々

すべての人の心の中には、優越心と劣等感が同居しております。

この二者は、共に人間にとって必要なものであり、それ自身、どちらが良いとも悪いともいえません。

自信も過ぎれば文字どおり自己過信になりますし、謙虚も過ぎれば自己卑下となります。

要は、この優越心と劣等感のバランスが、その人なり、その人の資質に応じて、うまくとれているかどうかなのです。

多くの人が、人生をうまく生きられないのは、この二者の取り扱いについて、あまりにも無知であるからです。

対人関係において、相手の群居衝動を傷つけ、自分に対して不快感を募らせる最大の元凶は、自分の内部に巣くう劣等感であり、そして、その感情の苦しみに耐えかねて、他人にその苦しみをもろにぶつける態度であります。

「一言居士《いちげんこじ》」と呼ばれる人がおります。

例えば、役所などの職場で行なわれる会議の席上で、先輩格の職員の中に、必ずといってもよいほど、いつも議事の進行を妨げる人が時折おります。

「議題の順序がどうした」とか「言葉の意味があいまいだ」とか言い出すために、肝心の話し合いそのものがなかなか進行しないのです。

これなども、日常、内心の劣等意識に悩む人が、自己顕示の機会を、そこに求めることから生ずる行為なのです。彼の目的は、要するに「他人の言動にケチをつける」ところにあります。そして、無意識のうちに、自己の優位性を、そこに表現しようとするのです。

また学歴を誇り、家柄を誇る人がおります。これなどは最も単純な手口で、自分の才能の貧困さ（と当人が感じている）をカバーするための自己表現法といえましょう。

私の知っている人々に、自分の肩書きを常に口に出して自己紹介する人がおります。

いわく、

「三菱の○○です」

「三井の○○です」のように……。

これなども、自分についての自信のなさをカバーするため、自分の所属する有名な社名を前面に立てようとしている姿です。

一度などは、酔っぱらった彼が、タクシーの運転手にまで、

「俺は三菱の○○だ」と言っているのを聞いて、さすがに私もあきれ返ったことがありますが……。

このように、他人をけなすか、あるいは自慢をしている人々は、常に心の中に消しがたい自己劣等の意識を抱いているのです。

そして、この悩みを消すために、他人の助力を請《こ》うのです。すなわち、けなしも自慢も他人との会話の助けなしには行なえないからです。

一時的には、この人たちの努力は功を奏します。ほんのしばらくの間でも、彼らの自己優越心は満たされるのです。

しかし、それはほんの少しの間で、たちまちのうちに、その優越の快感は崩れ去ります。これはなぜかといえば、次の二つの理由によるからと考えられます。

その①は、相手が自分の優越性にはかばかしく同意しないこと、その②は、この優越誇示の行為のあと、ある種の罪障感《ざいしょうかん》あるいは羞恥《しゅうち》といったものにさいなまれるからであります。

これは、麻薬の中毒者の症状とよく似ております。クスリが切れてくると、クスリを注射します。そして、しばらくは気分が良い。

しかし、じきに禁断症状が起こり、また、前より強いクスリを注射せずにはいられなくなるという繰り返しで、この場合、優越心がクスリで、劣等感がその禁断症状に匹敵するという意味です。

結果として、人々はこのような症状のタイプの人から離れていきます。なぜなら、この離れていく人々の心、つまり、その自己重要感は傷つけられたからです。

こうして、この人は他人に対して、「魅力を失っていく」のであります。そして、この人は「淋しさ」を常に味わうことになります。これはすなわち、この人の群居衝動が深く傷つけられたことを示すものです。

文豪バルザックの言葉に、次のような実に皮肉なものがあります。

「友人同士、自分が相手より少し優れていると思っている限り、友情は続く」

これはただの皮肉やしゃれではなく、人間観察眼の鋭いバルザックなればこそ、実生活の中にそれを見いだしたのでありましょう。彼のこの人間批評こそ、五大本能論のうちにおける群居衝動と自己重要感の相関関係を最もよく説明するものです。

このようにして、私たちは非常にきわどい自己コントロール状態において、自分の生活および生命をかろうじて保持し得ている状態なのであります。

第五章　自己重要感の高め方（群居衝動と自己重要感　その二）

一、自己暗示をかけよ

自らを救うために

さて、読者のみなさんは、これまでに自分の魅力づくりには、**「まず、自己重要感を、自分の内で充足させてしまうこと」**が第一に必要であることを、よくよく理解されたことと思います。

これは、言い換えれば、他人の助力を期待することなく**「自分は優れた人間である」「生きる価値のある人間である」**という自己確認を得る、という所業なのです。

有名な精神分析医アドラーの主張した点も、まさにここにありました。

アドラーは、「劣等感の自己補償」が人生の生きる活力源であると唱えて、フロイトとたもとを分かった人です。

アドラーの説を要約すれば、次のようになります。

「人間はみな他人と比較した時、自分に何か劣っているところを発見する。そして、その劣等を補償しようとして努力する。この努力する意欲こそ、人間の生きる原動力となるものである」

アドラー自身も幼少の頃、くる病にかかって背骨が曲がっていたのですが、この肉体的劣等感を補償するために、高名な学者になりたいと願った、と告白しております。

劣等感による絶えざる緊張が続いた場合、人間はいったいどうなるでしょうか？

その結果は悲惨です。他人も自分も悩ましながら、それが昂じていき、ついには、

①気がおかしくなる

②犯罪者になる

③自殺する

といったことにさえなってしまうのであります。

このように、自己重要感を充足させるということは、人生にとって最も重大な課題であることを、皆さんはよく理解されたことと思います。

では次に、この自己充足のやり方について述べてみましょう。

自己充足のやり方

その第一は、アドラーの言ったように、**自己の才能を表現し、世間にそれを認めてもらうこと**です。すなわち、芸術家は作品をもって、実業家は事業の成功をもって、サラリーマンは地位の昇進をもって、世間のよき評判を得ることです。

その第二は、**他人のために役立つようなことをすること**です。これは、例えば、ボランティア活動もこれに当たります。

「自分は人のために役立っている」というこの思いこそ、自分の生きている存在理由に自己確認をとる最も有効な方法なのです。

足の不自由な人の車椅子を押している奉仕者は、案外、逆に、生きるための助けをそこから得ているのかも知れません。

ただし、これも、このボランティアについて、他人に語った時、その効力は失せてしまいがちです。それは、もう何回も指摘しましたとおり、「自慢」となった時、相手の自己重要感を低下させてしまうからなのです。

劣等感に悩む人の一大特質は「自分のことばかり考えている」という点にあります。

それはまた「自己被害意識」となって、大きな苦痛を自ら製造し、そして自ら苦しんでいる姿でもあります。

ところで、この自分のことばかり考えているのを、少しばかり、他人を幸せにすることについて考える方へ振り向けてやったら、どうなるでしょうか？

実に、この時、この人の頭脳は休息を得るのであります。自分のことばかり考え続けていて疲労困憊《こんぱい》に達した頭脳は、その反対のことを考えることにより、その緊張から解放されるのです。

なぜならば、人間の頭脳は、一時に異なる二つの事柄を考えることができないからです。その一瞬に考え得るテーマは、常に一つに限られ、それがまた頭脳のメカニズムでもあります。

ですから、私たちは、このメカニズムの制約性を逆に利用して、自分の頭脳の緊張を取り去り、休息することもできるのです。

アドラーは、うつ病患者に向かって、常に次のように言ったといわれます。

「私の指示どおりにすれば、この病気は二週間で直ります。

すなわち、どうすれば他人を喜ばせることができるか、毎日考えてみればよろしい。自分の隣人に興味が持てない人間は最も苦しい人生を歩まねばならず、他人をもひどく苦しめます。人間の犯す過ちはすべてこうした人々から生じます。人間として、ぜひ必要な資格、そして最も賞讃すべき資格は、共に楽しく働ける仲間であること、すべての人間の友人であること、そして恋愛においても結婚生活においても、真に助け合える伴侶であることです」

第三の方法

さあ、自己重要感を自ら充足し、自分自身の心身を救済する方法の二つが、ここに明示されました。

その第一は、**自分の弱点を補償するために、何らかの才能を磨き、それで世に問うこと、すなわち、自己表現欲を満たすこと。**

その第二は、**他人に喜びを与えるには、どうやったらよいか、常に考え、思いやること。**この二つでした。

〈自己重要感を自己充足させる３つの方法〉

①自己の才能を表現し、世間にそれを認めてもらう

②他人のために役立つこと

③自己暗示をかける

ところで、ここに、第三の方法があります。それは、非常に効果的な方法であり、これを習慣的に行なっていると、その人の人格までもが、はなはだ高いものへと、自動的に改造されていってしまうのです。

その第三の方法とは、

「**自己暗示**」という方法です。

まず呼吸を整え、肩の力を抜き、軽いトランス（没我状態）つまり、ボンヤリした感じになります。そして、心の中で、例えば、

「私は優れた人間である」という言葉を、ゆっくりと呪文のように、三回以上唱えるのです。

これは、いつどこで用いてもよろしいのですが、例えば、あなたの眼前にいるだれかが、自慢かけなしをもって、あなたの自己重要感を傷つけたならば、ただちにこ

の方法を行なうのです。

あなたの両眼は、相手を見ていながら、その焦点は無限大の彼方へと結ばれ、呼吸は静かに整えられます。そして、心の中でゆっくりと、

「私は優れた人間である」と呪文が三回唱えられます。

すると、あーら不思議、自己重要感はたちまちのうちに充足され、もはや、相手からの刺激に対して何の反応も覚えなくなっているではありませんか！

それどころか、余裕を得たあなたの心は、高い位置から相手を見おろし、その自慢やけなしが彼の苦しみの表現であることさえ理解できるようになっているのです。

そして、次に、相手の苦しみを軽減してやろうと手を差しのべてやることさえできるようになっているのです。すなわち、相手のその自慢やけなしに対し、真剣に耳を傾けることによって……。

この時疑いもなく、あなたは偉大なる人間的魅力を相手に対して発揮しつつあるのです。

暗示には、信じられぬほど強大な力があります。

また考えようによっては、私たち人間はすべて暗示の奴隷であるといえましょう。まず幼児の頃、特に三歳ぐらいまでは、ほとんど無条件に母親から示された行為をそのままに、自分にコピーします。子供時代は、批判力はあまりありませんから、両親の日常的行為をそのままに受け入れ、自分の資質に取り入れることが多いのです。反抗期と呼ばれる年代は、これらの暗示に対しての拒絶行為の現われと見ることもできましょう。

学校時代は特に、友人、先生、本などによる感化、また、ヤクザや暴力者などによって、さまざまな影響を受けますが、これらは皆、暗示となって、人々の深層意識に蓄えられ、それはその人の人格の一部を次第に形成していくのです。

社会へ出れば、人々は、社会からの暗示の洪水に身をさらすようになります。現代では、その力の最も強大なのはマスコミの力です。

心の弱い、ノイローゼ気味の人は、テレビや新聞から、しばらく遠ざかった方がよい場合さえあります。なにしろ、それらのニュースのほとんど九十パーセントは、人の心を憂うつにし、怒りや不安を与える「否定的」なものなのですから……。

否定と肯定

暗示には「否定的」なものと「肯定的」なものとがあります。

子供に向かって、何かが上手にできた時、「やあ、うまくやったね。君には才能があるねえ」とほめてやることを習慣としていると、その子供は段々とやる気になってきますが、「お前は何をやってもだめな子だなあ」と言い続けていると、本当に、その子はだめになっていってしまうという、これは教育心理学として今日では広く知られていることです。


ところが、これは何も子供だけに限らないのです。

私たち大人でも、世間の否定的な暗示にひっかかって、否定的な気質の人間になってしまうことは非常に多いのです。

何しろ、この世の中には「憂《うれ》うる人」が圧倒的に多いのです。人々は未来について心配し、警告し、暗い気分に自らもひたり、他人をも、その気分に引っ張り込もうとする所業が大好きなように見えます。

宗教家は、例えば、キリスト教などは「人間は生まれながらにして罪人である」など言い、いやが上にも人々に罪障感《ざいしょうかん》を植えつけようとします。

そして、そのある一派は「近いうちに、ノアの箱舟の洪水が再び起きて、自分の宗派の信者にならないものは、皆おぼれて死ぬであろう」などと、脅《おど》すようなことを言い、人々をより不安に陥れ《おとしい》ようと計ります。

仏教でも「人の欲望は、すべて汚いものだ」とし、「それを捨て去ることによってのみ、恐ろしい業《ごう》や因縁から逃れ得る」のだと説くのです。

経済学者は、暗い予測を立て、テレビでは子供を虐待する親たちを追及し、芸能人の反道徳的な行為を糾弾し、犯罪や交通事故の統計はうなぎのぼりに増大し、デフレで収入は増えず、住宅など不動産の資産は目減りし、健康保険や年金制度は改悪され、老後の国家保証は段々と手抜きになり、等々……。

これらの否定的な情報について、そのすべてを受け入れたならば、どんな神経の強靱《きょうじん》な人でも、暗い気分に陥らざるを得ないでありましょう。

第六章　恐るべきアラヤ識の力（群居衝動と自己重要感　その三）

一、アラヤ識とは何か？

因果の法則を知れ

「人間の現在ある姿とは、その人がかつて自分について考えていたことの具現化したものである」

過去、幾多の賢人、哲人がこの意味の言葉を述べています。

アメリカの哲人、エマーソンも、ローマの皇帝で哲学者、マルクス・アウレリウスも、ともに、

「人みなすべて、その思いのごときものになる」と言っております。

また、マンチェスター大学の統計調査によれば、人生において成功者と失敗者の分かれ目は非常に単純であり、

「成功者は常に成功について考えており、失敗者は常に失敗について考えていたのがその原因である」という分析結果を発表しております。

これはすなわち、日常、心下意識に蓄えられた暗示の総量によって、その人の人生

〈因果の法則〉

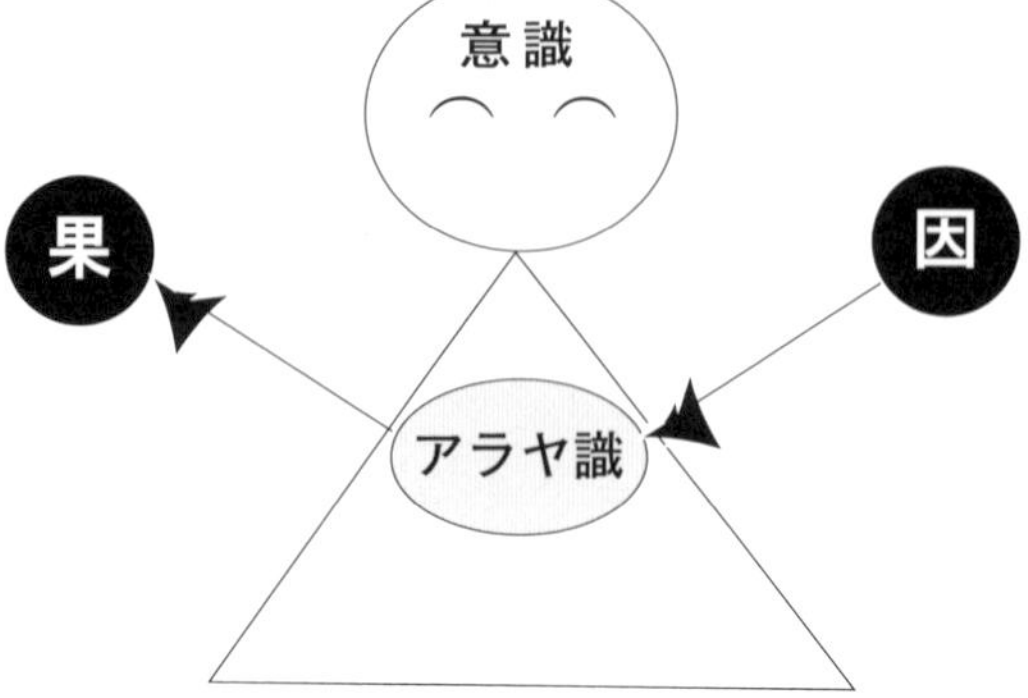

は決められていく、ということについて述べたものでありましょう。

宇宙の森羅万象が、すべて陰陽の二元対立によって発現しているように、人生における因果の理も、この陰陽二類の力のもとに支配されているのです。

すなわち、日常を「陰の思考」と「陰の感情」のうちに過ごす人は、やがて未来において、「陰の結果」を体験し、逆に陽の思考感情のうちにある人は、「陽の結果」を体験するのです。

これを具体的に説明しますと、日常、不安、ぐち、不平不満、怒り、などの否定的な思考の中にあると、いかに肉体的な努力をしても、その人の未来は、失敗、病気、不和、災難などを体験するに至り、逆に、自信、感謝、喜び、寛容、などの肯定的思考のうちにある人は、成功、健康、平和、無事などを体験することになる、ということなのです。

「因」とは、要するに日常の暗示のことであり、これが心下に蓄積されて、やがて、それが「果」として現われてくるのであり、これが「**因果の法則**」と呼ばれるものです。


仏教の根本教義とは、まさにこの点にこそあるのです。

それは、「因果は二類による」ということです。すなわち、因が陰であれば果も陰であり、因が陽であれば果も陽とならざるを得ない、というのであります。

そして、この原理について、

「**阿頼耶識**《あらやしき》」という、特別の術語を用いて説き明かしております。

「アラヤ」というのは、古代のインド語で、「蓄えておく」という意味で、「識《しき》」は日本語の「意識」の意味です。つまり、アラヤ識とは「貯蔵している意識」ということになります。

仏教では、このアラヤ識こそ、人間のみならず、万物を造り出した基本体である、といっているのです。そして、人間の運命がよくなるのも、悪くなるのも、このアラヤ識に貯蔵された意識によるのだ、というのです。

知覚されない意識

「潜在意識」ということばを、すでにご存じの方も多いことでしょう。そう、私たち人間の無意識の領域のことです。

人間の、思考する意識の奥底にあり、本人にも知られることのない秘密の領域、いわば、人間のもうひとつの心である潜在意識、これは別名「深層意識」あるいは「無意識的意識」とも呼ばれています。

今世紀初頭、フロイトという偉大な心理学者（精神分析医）が出て、この潜在意識に初めて学問的体系を与えました。

以後、このことばは「医療」「芸術」「哲学」「科学」「宗教」など、二十世紀文化のあらゆる分野に大きな影響をおよぼしたのです。

アラヤ識の秘密を知るには、ぜひともこの潜在意識について知っておかなければな

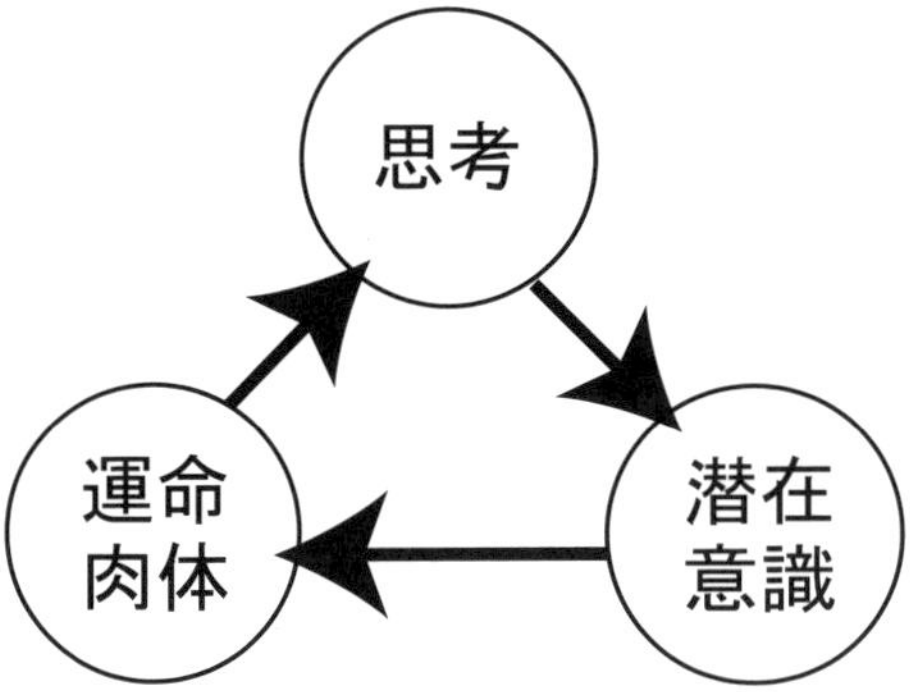

りません。

そこでまず、そのはたらきを簡単に述べてみましょう。

フロイトの時代には、潜在意識は医療を主体とした目的のための研究素材でした。

しかし時がたつにつれ、それはただ単に人間の肉体を制御するだけでなく、なんと、その人の人生や運命まで支配する、宇宙法則的な神秘の力を持っていることがしだいに明らかになってきたのです。

すなわち、人生における成功と失敗、幸福と不幸の分かれ目は、この潜在意識をうまく取り扱うことができるかどうかにかかっている、というのです。

なぜなら、人間が頭で何か考えると（思考）、その影響は潜在意識におよぼされる。次に、潜在意識は、その人の身体の調子、はては運命にまで影響を与えるのです。

だから、その人の幸、不幸は、日常どんな考え方をしているかで決まってくるといえます。そして、それを媒介しているのが潜在意識であり、この三つは切っても切り離せない関係をもっています。

ところで、このような人間の心の仕組みは、なにも今世紀にいたって初めて発見されたという、特に目新しいものではありません。

それは、西洋において古くから伝えられる「秘儀」として、さまざまな秘密結社において研究されてきたものなのです。

たとえば、錬金術師や魔術師が研究し続けたのも、結局は「心が創造する物質的現象」を、自分の力で支配することでした。

今日、世界最大の秘密結社といわれるフリーメーソンも、バラ十字団も、その中心的教義は、この「心の力の秘密」なのです。

この力を用いて、この世におけるさまざまな利益、つまり政治、芸術、実業などの分野で、栄達、昇進、名声、財産などをいかにして手中にするかだけでなく、自分を啓発、変成する手だてが、その秘密教義の中に説き明かされているといわれています。

現実に、この秘密の力で成功を手にした人物はいくらでもいます。近代ではモーツァルト、ベートーベン、ゲーテ、シラー、デカルト、ベーコン、ドビュッシー、フランクリン、ワシントン、さらに現代にいたっては、ルーズベルト、マッカーサー、周恩来、鳩山一郎、そしてレーガン大統領までが、それらの秘密結社員として知られています。

これら歴代の名士たちは、いずれもこの心の力の秘儀を使って、それぞれの地位を占めることができました。

しかし、現代ではこの秘密教義はもはや秘密ではありません。それは、メンタル・サイエンスの名のもとに、アメリカでは、幾人もの有識者によって次々と開発され、一般的書物となって出版されています。

そして、それらの一部は「自己啓発書」として、わが国でも翻訳出版されています。だから、幸せなことに、今ではだれでもこの秘密教義を手にすることができるのです。いつでも、もしあなたがほしいと思うならば、成功への道は、じつは眼の前に広がっているのです。

記憶の貯蔵庫

ところが、さらに驚くべきことには、人間の心のメカニズムは、西洋の秘密教義の出現よりもはるか昔、東洋においてすでに解明されていたのです。

そして、その教義について記された経典が奈良時代に日本に渡来して、以後、法隆寺の宝蔵の中に今日まで眠り続けているのです。その名を前述しましたが、「アラヤ識」といいます。

孫悟空《そんごくう》という猿が活躍する中国のおとぎ話に、『西遊記《さいゆうき》』という物語があるのをご存じでしょう。

これは、三蔵法師というお坊さんが、インドへ大乗仏典というお経を求めて旅をする話ですが、これは実話をもとにして作られた物語です。

そして、この三蔵法師（実名、玄奘《げんじょう》）が、インドから持ち帰ったお経の中に、このアラヤ識ということばが記されてあるのです。

では、このアラヤ識とは、どういう意味なのでしょうか？

アラヤの「ラヤ」とは、「蔵《くら》」、つまり倉庫という意味です。あなたは、ヒマラヤという世界最高峰の山の名を知っているでしょう。「ヒマ」は雪、「ラヤ」は蔵《くら》で、ヒマラヤとは、雪の蔵という意味のサンスクリット語（古代のインド語）です。

「アラヤ」というのは、蔵《くら》に収めておく、すなわち貯蔵を意味している。

そして、その貯蔵とは、この場合、記憶の貯蔵を表す。だから、アラヤ識とは、「記憶を貯えておく意識機関」という意味です。

ところで、この記憶というのがただものではありません。これは、未来に現実となって出現してくる潜勢力を秘めています。いわば、結果すなわち果実を結ぶための種子にあたるもので、「業種子《ごうしゅし》」と呼ばれています。

次のように考えると理解しやすいでしょう。

アラヤをコンピュータのハードウエア（本体）とし、業種子をソフトウエア（プログラミングされた情報）とする。すると、コンピュータの中には、過去において投入された情報がぎっしりつまっていて、その人の運命は、次々とそのコンピュータから発せられる指令によって決まっていくのです。

これは、簡単にいうと、私たちの人生の台本は、かつての記憶によって書かれ、すでにアラヤの中に組み込まれてしまっているということになります。

強い情動を伴った思考

いってみれば、その人の人生は、心の奥深く秘められたアラヤ識によってあやつられていることになります。

ここで注目すべきことは、そのアラヤに入れるプログラミングを作成しているのが、これもまたそのアラヤの持主自身であるという点です。

ここはたいへん重要なので、特に詳しく説明してみましょう。

プログラミングとは、要するに記憶です。そこで、このアラヤに収録されるのはどんなものかということが問題になってきます。

それは、「強い情動を伴った思考」に限られます。ただ考えただけでは、それは記憶にはなりません。

アラヤに収録されるのは、そこに感情の動きが伴った時です。その時初めて、それは業種子となってアラヤの中に植えつけられるのです。

いったん収録された業種子《ごうしゅし》は、特にそれを打ち消さない限り、未来において結実し、体験となります。この場合、業種子《ごうしゅし》は原因であり、体験されたものは結果にあたります。この、「因《いん》」と「果《か》」を結んで、仏教では「因果律《いんがりつ》」と呼んでいます。

仏教の根本教義は、じつに、この「因果の法則」をきわめる点にこそあるのです。そして、因と果とは、アラヤを経由して結ばれていることは、もう説明を要しないでしょう。

言い換えれば、アラヤは、因と果をとりもつ「縁《えん》」の役目を受けもっているとも考えられます。

とすれば、因がアラヤへ入った瞬間には、将来の果への縁が生じたということになり、これが古くから、「因縁《いんねん》」が生じたといわれていることです。また、仏教用語では、これを、「因縁生起《いんねんしょうき》」といい、略して「縁起《えんぎ》」とも呼ばれています。

仏教とは、つまり、この縁起《えんぎ》の法について説かれた教えなのです。

輪廻《りんね》を脱するには

多くの人がこういうかもしれません。

「世の中のほとんどの人は、成功を願い、成功について考えているはずだ。だのに、成功した人よりも失敗者が多いのはなぜか？」

その答えはこうです。

まず第一に、それらの人々は、一時的に成功という肯定的なことを考えても、他の時には、それを上まわる何倍もの時間をかけて、否定的なことを考えてしまう。だから、そのために、せっかくの肯定的なものが打ち消されてしまうのです。

第二には、成功そのものの姿を明瞭にえがけないことです。成功は、一人ひとり、その目標や内容が違っています。それぞれの願いを具体的に頭の中に思いえがけなければなりません。

これを目標像の視覚化といいます。この視覚化の上手下手が、その人の運命を決定的に左右するのです。

今、仮に、会社経営がうまくいっていない社長がここにいるとしましょう。

この社長が、一日のうちの大部分を費やして考えているのは、彼の現実そのものである資金繰りや思うようにモノが売れない悩みについてです。

たとえば、銀行に融資してもらおうと交渉したら、財務内容が悪すぎると断わられたことであったり、どうせ自分なんかに会社経営は荷が重すぎる、と思いあきらめてしまっている自分の姿であったりします。そういうものが、頭の中で視覚化されているのです。

すると、この視覚像は、業種子《ごうしゅし》となって、アラヤ識の中に投入されることになります。

そして、ある期間、このアラヤの中に熟成されたタネは、発芽し、ついには実となって現実界に出現してくるのです。

つまり、不運な現実の人は、不運について考え、その不運はその人のアラヤ識に入り、ついでその不運は、アラヤ識から現実となって現われます。そしてその不運な人はまた不運について考え……と、ぐるぐると果てしなく輪廻《りんね》の輪《わ》は回転し続けるのです。

この不運な男が、不運の輪廻《りんね》を脱する道はただ一つです。

それは、何度もいいますが、考え方を変えることです。つまり、因を縁づける時が唯一のチャンスなのです。この時、この男性は不運な現実はかえりみず、ただひたすらに好運を夢見ればよいのです。

そして、幸運のくることを繰り返し願い、信ずるのです。

昭和二十五年、ホンダが社員五十人の中小企業の頃、本田宗一郎は社員を集めて、自らミカン箱の上に乗って、「世界一になれ。世界一でなければ日本一になれない」とたびたび演説したことは有名です。

町工場のオヤジが「世界一云々」をとうとうと語るわけですから、さぞかし聞いていた人は唖然《あぜん》としたことでしょう。

しかし、宗一郎のバカでかい話を真剣に熱っぽく話すのを聞いているうちに、次第に「この人はすごい人だな」と引き込まれていったといいます。

本田宗一郎が先頭に立って、その目標に向かって自分の力を出し切り、寝食を忘れて努力もし、社員を幸運の渦の中に巻き込んでいこうとしたのです。

この好運を視覚化した因が、アラヤ識に入りさえすればしめたものです。未来の果が好運のものとなるべき縁は、もう生じたのですから。

このように人間は、因縁を正すことによって、自己の運命をよい方向へと向けることができるのです。

アラヤ識の危険性

アラヤ識は、人を幸福にする力を持っている反面、人を不運、不幸にする力も持っているのです。

それは、まるでロボットのように正確に作動する。成功を指示すれば成功を生み出すし、気づかずに失敗を指示してしまえば、ひとりでに失敗を生じさせるのです。

ロボットには、人間のような心がない。その機能は、忠実に、命令を命令どおりに実現することです。

ところが困ったことに、私たち人間は、日常、マイナスとなる思考をしたり、否定的な話ばかり好んでするという場合が圧倒的に多い。周囲をよく観察すれば、すぐわかることですが、人間は、未来を憂えたり、病気や災難のことを話すのが大好きなのです。

こうして、多くの人々は、不満足な人生を体験するはめになります。彼らは、自分が無意識に、自分の考え方やことばで、不運な未来をつくっていることに気づいていないのです。それというのも、このアラヤ識の存在について無知であるからなのです。

仏教においても、このメカニズムが説かれています。

「万象《ばんしょう》は識《しき》転換による」

このことばは、私たち人間が見たり聞いたりする現象すべては、意識というそもそも空《くう》なるものが、物という、形や色のある姿となって、色《しき》の存在に移りかわったものにほかならない、という意味です。

いっぽう、般若心経にも「空即是色《くうそくぜしき》」という有名なことばがあります。これは、アラヤ識に入った因が空《くう》なるもので、そこより現実に生じた果が色《しき》であると考えれば理解しやすいでしょう。

「因果一如《いんがいちにょ》」——原因と結果は同一のものであり、そして、因と果を縁結びするものがアラヤ識なのです。

二、運命をよい方向へむける

否定的な話題を遠ざけること

めんめんと自分の不幸を会う人ごとに訴えている人がいます。また、他人の悪口を、辛辣《しんらつ》、舌を刺すばかりに並べたてるくせの人がいます。

いずれの場合も、このような話は案外に面白いもので、とかく人は、そういう話を聞くことを好むものです。

なぜなら、いうなればそれは一種の「地獄の穴のぞき」だからです。不幸、恨み、怒り、悩みの中にもがいている人々を見るのは楽しい。

それは地獄の中にある人々であり、それらの人を見るのは、自分の優越の地点より、そこを見おろしている安心感があるからなのです。

ところが、ここで用心しなければならないことがあります。それは、それらの人々と話を交わしているうちに、自分も知らず知らずのうちに、その底なし沼に引きずりこまれて行くことなのです。

これは一種の催眠術のようでもあります。朱《しゅ》にまじわれば赤くなるように、いつのまにかそれに影響されていってしまうのです。そして、気づいた時は、自分もその落とし穴に落っこちて、地獄の人の仲間入りをしていることにもなりかねないのです。

総じて、これらの地獄の人は、ツキのない人たちです。

そして、そのツキのなさが、その人をして、不幸や悪口についてばかり話させるようになったのでしょう。

ツキのなさに伝染するのは会話によってです。陰気な話題は人を不幸にするバイキンに満ちています。このような話題や、その話題の主から遠ざかるのは、自分からツキを失わないための第一条件だと考えていいでしょう。

ツキのある人と交わるべし

ツキのない人と交わっていると、自分からもツキが無くなってしまうように、その反対の現象もあるのです。

すなわち、ツキのある人と交わっていると、ツキが自分の方へもやってくるのです。

富が欲しかったら金持ちと、地位や名声がほしかったら、その道の成功者と、できるだけ接触する機会を持つことです。

　しかし、嫌がられる人に無理やり接近するのは、得策ではありません。

　もし、直接的に会えないなら、講演会などで、その人の話を聞くだけでもいいし、それらの人の書いた本を読むだけでも、その効果はあります。

　しかし、可能ならば、成功者と直接対話できるような境遇に、自分の身を置くことでしょう。もし、そのようなチャンスを得たならば、それは、あなたにとって、成功の道を一歩踏み出したことを意味するのです。

　ツキのある人と相対した時、あなたは多弁であるべきではありません。あなたは、相手から成功の雰囲気を自分の身に浸透させるのが目的だから、できるだけ相手に語らせ、それを拝聴することです。

　彼はあなたに成功の雰囲気を与えます。そして、そのお礼として、あなたは彼に対し、敬意をささげるのです。これは、彼の自己重要感を高めることです。こうして両者の間には、「友好的」という好ましい気分が作り出されるでしょう。

正義を主張しない

「口に正義を唱え始めた瞬間から、その人の不幸が始まる」

これは講演会などでおりにつけ、私が皆さんに説いている言葉です。そして、よく皆さんから反駁《はんばく》をくらいます。

「正しいことを主張して、何が悪いのですか？　それは世の中にとっては、むしろ必要なことではありませんか？」

ここで注意してほしいのは、私はなにも「正義を主張することが悪いことだ」とは言っていないことです。私は、事の是非善悪について言っているのではなく、ただ「不幸になる」と言っているのです。

そして、この場合の不幸とは、貧乏とか社会的疎外などの、いわゆる不遇と呼ばれる環境的なものであり、必ずしも、内部的つまり彼の精神的な部分まで意味しているわけではありません。

しかし、外部的な不遇は多く内部的な気分と連動するものであり、いわゆる「ボロを着ていても、心は錦」であるためには、ほとんどの場合、それ自身「ツッパリ」を必要とするものです。そして、それは心身の緊張を意味します。

もちろん、正しいことがこの世の中で行なわれることは必要不可欠なことで、それはまったく当たり前のことです。

しかし私が思うには、正しいことは、なるべく目立たないように、自らが行なうべきもので、声高らかに他人に向かって主張すると、危険が身に及んでくると思うのです。それはなぜかというと、その相手の自己重要感を傷つけるからなのです。

もし、あなたが魅力ある人になろうと思ったら、ぜひとも次の言葉を記憶する必要があります。それは、

「人は自分の不正を指摘されることを好まない」ということです。

正義は不言実行型が望ましく、間違っても有言不実行型になってはいけません。また、言うことも言うが、やることもちゃんとやっているという有言実行型もあまり好ましくないのです。

なぜなら、この場合の有言は、「相手を正そうとしている」からなのです。

とにかく直接的説得では、人は動かないものです。そして、福徳円満な人はそのこ

とをよく知っています。そのゆえに、相手を、また世の中を直接的に矯正しようとはしません。むしろ、そういう相手に対しては、まずあきらめてかかるのです。

これは換言すれば、まず相手を、あるがままに受け入れる、ということです。といって、そのまますべてをあきらめてしまうわけではなく、その後ずっと、相手の変容を期待し続けるのです。

ただし、その期待は、いつも表層意識上において思い続けるということではありません。潜在意識の中にインプットして、それを暖めておく、ということです。そしてときおり、そのインプットを繰り返すのです。すなわち、それはアラヤ識とともに暮らすということに他なりません。

現在の思念こそ鍵

考えようによっては、私たち人間は、過去の暗示の蓄積によってのみ、自分の運命は形づくられるのだともいえましょう。

ところで、ここでしばしば見落とされがちなのは、私たちは、これらの暗示を選択できるという点です。

すなわち、たとえ暗い環境の中にあっても、明るい暗示を自分の心下へ送り入れることができるし、その反対に、明るい環境の中にあっても、暗い暗示を送り込むこともできるというわけです。

ところが、この世の中では、圧倒的に自分自身の心下に、いささかの選択をすることもなく、易々《やすやす》として、暗い暗示ばかりを送り続ける人が多いのです。そして、常にその暗い結果を体験し続けます。

こうして、これらの人々は、失敗、病気、不運などの思うようにならない人生を過ごすことになるのです。

「暗示の選択」これこそは、私たちに与えられた最大の特権です。

たしかに、私たち人間は、自分に与えられた暗示の奴隷であり、この暗示の集積によって、自分の運命は造り出されるのですが、しかし、その暗示を私たちは支配できるのですから、結局、私たちは自分の人生を支配できるようになるわけです。

ですから、自己重要感を充足するためのこの第三の方法は、ただ単にその役目だけ

〈思念を整える２つの思考〉

①過去の失敗体験を忘れ、成功体験を思い返しては喜ぶ

②未来に対しても、失敗を想像せず、成功を想像しては喜ぶ

にとどまるのではなく、自分の未来のすべてを望ましいものへと導くための世にも素晴らしいテクニックであるといえるのです。

では、そのテクニックはどのようにして用いられるのかというと、それは、

「現在における思念をよく整える」という一語に尽きます。

さらに詳しくいうならば、現在の思念をよく整えるとは、次の二つの思考の仕方によって、そのほとんどの要求が満たされるのです。すなわち、

①過去の失敗体験を忘れ、成功体験を思い返しては喜ぶ

②未来に対しても失敗を想像せず、成功を想像しては喜ぶ

というように、過去においても、未来においても、喜ばしいことの方を思い起こして、もって現在の思念を「肯定の類」の中に置こうとするのです。

とかく人間は、常日頃、過去については後悔し、未来については悲観的な観測をしがちなものですが、これこそ、自らの運命を暗い方向へと導いている思考法であることに、ほとんどの人々は気づいておりません。

これが、世に成功者が少なく、失敗者が圧倒的に多く存在する最も大きい理由なのです。

ですから、この肯定的思考による暗示を、今すぐから、あなたが実践し始めるならば、その瞬間から、あなたは成功への人生へと、足を一歩もう踏み出したことになるのであります。

幸福の実体

ここで幸福というものについて考えてみましょう。

ラ・ロシュフコーという有名なフランスの警句家は、「幸福とはものそのものではなく、ものの味である」といっております。

いうならば、それは感覚の問題であって、実体として存在するものではないということでしょう。

穏やかな春の陽光を浴びている人々の中でも、それを幸せだと感ずる人と、全然感じない人がいるように、幸福は陽光の側にあるのではなく、それは受け入れる心の側にあるのだということは明白にわかります。

この心という精神活動が起こるのは、皮膚に当たった陽光が暖かいという感覚によるものであることにご注意ください。それは、食べ物を食べておいしいと感じたとき、それは「味」であることと同じです。

幸福とは、これらの感覚と密接な関係があります。否、幸福とは感覚自身だといっても過言ではありません。なぜなら、われわれが不幸感を覚えているとき、まさに肉体的苦痛を覚えているからです。

ところで、ここでこの「感覚」といううしろものに注意していただきたい。すなわち、それは「現在においてのみ生じるもの」であることを知っていただきたいのです。

感覚は昨日にもなく、明日にもあるものでもなく、まさに「現在のこの一瞬においてのみ」生じるものなのです。そして、幸福も、つまりそれは幸福感ということですが、これも現在という一瞬においてのみ生起する感覚現象に過ぎないのです。

ところが、多くの人々は、幸福とは未来において存在し、それを追い求めることによって得られるもののように錯覚しております。未来における幸福や成功は、架空なるものです。

といっても、私は未来における目標設定や理想などを無益なもの、または有害なものといっているわけではけっしてありません。

未来における成功とは、いわばゴールであり、それに向かっての努力はプロセス（道程）です。しかし、大切なことは、ゴールにあるのではなくて、むしろプロセスにあります。プロセスとはとりもなおさず「進行しつつある現在」のことです。

ところで、成功というゴールを目指して走っている人々には、二種あります。

その一つは成功を夢見て、楽しく充実した気持ちで走っている人です。

もう一つは、苦しみで歯を喰いしばって走っている人です。

プロセスという現在上にある人々にも、また成功というゴールが同じであっても、その気分は幸福感の内にあるか、不幸感の内にあるかの二種類の人があるわけです。

もし、その人のプロセスが充実したものになっているならば、成功という未来の幻想は、その人の現在を幸福にするための良き要因となります。しかし、その反対もあります。ゴールが現在を不幸にするための要因となることもあるのです。

だから、人の幸不幸を左右するのは、ゴール自身ではなくて、それへの途上にあることがよくわかるでしょう。

プロセスが、その人に不幸感をもたらしているとき、その不幸感を脱するためには二つの道しかないといえましょう。

その一つは、ゴールを放棄してしまうこと、つまり成功をあきらめてしまうことです。

もう一つは、現在の自己をよくコントロールして、その不幸感自身を幸福感のほうへ転化してしまうことです。

しかし、このどちらかが常に絶対的に優っているとはいえません。この二者の選択はあくまでもケース・バイ・ケースによります。時には成功をあきらめてしまうほうが良い場合もあるし、時には自己変革して、幸福感を感じられるようにしてしまうことが可能な場合もあります。

いずれにしても、人間の魅力とは「幸福感の中にある人」に、より多く存在します。これは明白な事実です。不幸感の中にある人が他人を魅きつけることはあっても、それは同情という感情のもとに行なわれることに過ぎません。

人生を明るく楽しく生きている人は、いわば太陽のようなものです。人々は多く「陽《ひ》のあたる場所」を求めます。ですから、人蕩《ひとたら》しの術《じゅつ》の秘訣は、まず「陽気」になるということを、ぜひとも心得ねばなりません。

三、自らを愛せ

自慢高慢バカの内

ここにおいて、読者のみなさんは、私が前に、自己重要感の充足には「自画自賛《じがじさん》」が必要であると述べたことの意味を、よく理解されたことと思うのです。

そしてまた、それは自己の心の内においてなされるべきであり、他人には話さないようにした方が安全である、ということも同じく理解されたことと思います。

この自画自賛が会話の中で行なわれる時、それは、非常に巧妙に行なわれ、一見それは自慢しているようには聞こえないほどです。

例えば、ちょっと聞くと、それはあたかも自己卑下しているように感じられることさえあります。次にその例を示しましょう。

「私は困っている人を見ると、その人を助けずにはいられない。私自身にお金がなくても、少ないそのお金をその人にやってしまわずにはいられない。どうして私は、こういうバカな性分なんだろう？」

と、ある人が言った時、それを聞いていた人々の気分はいっぺんにシラけてしまいました。

ここで注意すべきは、この時、この人の話し方は、自分はあたかも愚《おろ》かであるように表現し、また、そういう自分を嘆いているように人に訴えかけていることです。

しかし、これはいうまでもなく「偽装《ぎそう》」なのです。ここには隠された自己礼讃《らいさん》があります。だから、聞き手の人々の気分はシラけたのです。

多くの場合、自分の善事について語ることは、聞いている人々の気分を興《きょう》ざめさせるものです。

ではなぜ興《きょう》ざめさせるのでしょうか？　前記の話の内容を少々分析してみましょう。

話の最後の部分「どうして私は、こういうバカな性分なんだろう？」というところは、「世間のほとんどの人々は、そのようなバカなこと（実は良いこと）をしていないのに、自分だけがそのような善事をしている」という意味になります。

ここで注意すべきは、ここでその話を聞いている相手は、その世間の人々の中に含まれている、という点です。つまり、話し手は善事を行なっているのに、聞き手の人々はそれを行なっていない、という比較分別が無意識のうちに働き、その気分の交流が会話の裏面で流れるのです。

結果として、話し手は聞き手の自己重要感を押し下げ、それがシラけムードの発生となるのです。

昔から、「自慢高慢バカの内」などと申しますが、自慢とは常に単純な自己礼讃《らいさん》で行なわれるとは限らず、時には、自己否定という偽装《ぎそう》のもとに語られるので、聞き手は何となくわからないながらも、自己重要感が押し下げられたことを感じ取り、興《きょう》ざめた感情を覚えます。

劣等感の苦しみ

では、なぜ話し手は、人々の心をこのように傷つけてまで、自己礼讃《らいさん》をしたがるのでしょうか？

その答えは、すでに繰り返し述べてきたように、この人は劣等感に深く悩み、そしてそこから脱出しようとして、自己重要感を高めたがっているからなのです。

そこで、古来から仏教では、この自己重要感を捨てることを説いてきました。これを「我見《がけん》」といい、これを捨て切ることによって、すがすがしい謙虚さが現われるとしました。しかし私は、この「捨て切る」という点については、どうしても反対せざるを得ないのであります。

なぜなら、自己重要感とは、原初的な人間欲求そのものであり、その本能的衝動を否定することは、自然の力そのものを否定することであり、それは「生きる意欲そのものを奪いかねない」からです。

同じく仏教には、「自愛」という言葉もあります。自らを愛することは大切です。なぜなら、それは自らの生命を尊ぶことになるからです。

しかし、ここで自らの生命を維持する本能的衝動の一部である自己重要感を傷つけると、それは自己の生命までを軽んずる結果となってしまいかねないのです。

ここで私が声を大にして主張したいのは、「自己重要感はむしろ高め、かつ充足すべきである」という点です。なぜなら、これを高め、充足させることは、生命の力、その火をあかあかと燃え立たすことだからです。

ただ世の多くの人々は、その高め方があまりにも稚拙《ちせつ》であり、かつ無神経であるために、かえって失敗してしまい、他人を傷つけ、また自分自身の心をも傷つけてしまうのです。

しばしば、謙虚であろうと努める心は、それが行き過ぎると、自己卑下の感情を生み、さらには自己嫌悪という気分の落ち込みに至りやすいものです。

「謙虚」から「嫌悪」へと、このような自己感情の陰性化は、ぜひともくい止めなければなりません。もし、それを放置しておくか、またはそのくい止めに失敗しますと、自己重要感の低下を招き、ひいてはそれが生命の減退を引き起こすのです。

ここにおいて、「自愛」の大切さがよくよくわかってくるではありませんか？

次に引用したものは、以前、私がある場所で講演した話です。

自己を愛せ

まず、自己を愛しなさい。

これこそ、

「愛」の秘訣です。

何にもまして、あなたは、あなた自身を愛さなくてはならないのです。

世の分別ある人々が、老人くさい声音で、

「自分には厳しくあれ」

などと、道徳を説いたとしても、それに耳を貸してはいけません。

自分を愛しなさい。自分の肉体を愛し、いとおしみなさい。あなたの両手両足を、顔を、口を、目、鼻、そして皮膚を、愛撫しなさい。それらは、あなたに「快感」を与えてくれるものです。

それらは、おいしい味をあなたに与え、美しい花とかぐわしい香りを、あなたに感じさせます。異性へのあこがれ、そして、性の喜び、これらのすべてをあなたに与え、もたらしてくれるものは、あなた自身の肉体であり、そして、それ以外のものではないのです。

だから、その肉体に対し、あなたが感謝をささげ、それを慈しみ、それを愛することとは、全く当然のことではないですか。

「にもかかわらず、それをせめるなんて！」

これは、もう忘恩の徒であるようにさえ、私には思えるのです。

生命が大切なことは、だれでも知っています。でも、生命とは、肉体を通して表現されているものであり、その肉体をないがしろにすることは、生命そのものをないがしろにしていることに、人々は案外気づいていないのです。

まず、自分を愛しなさい。

自分を愛することのできる人は、「愛を知っている人」です。愛が何であるかを知っている人のみが、他人も愛せるのです。

もし、あなたの内側が愛で満ちるならば、あなたの外側にも、それが及ぼされるのです。つまり、自分を愛することによって、他を愛することができるのです。

外部と内部は一つのようなものです。別々のように分別するのは、人間の心の迷いです。その迷いとは、

「平和のために、聖なる戦いを起こし」

「愛をかち取るために、敵と闘う」ように表現されます。

因果は一如であるはずです。結果は原因と同じ類によって生ずるのです。

「敵意からは敵意が生まれ、愛からは愛が生まれます」したがって、

「敵意から愛が生まれることはあり得ないのです」

あなたが、自分に対して厳しくあれば、他人に対しても、知らず知らずのうちに、厳しさを求めることになるでしょう。

自分を嫌い、自分を憎む行為は、当然、他人に対して、同じ行為をする結果となります。そこでまず自分を好きになることが必要なのです。

「自己を愛せ」

このことばには、多くの誤解、大きな錯覚を生じさせやすい危険が伴っております。

私は、それをよく承知しているつもりです。

にもかかわらず、私は声を大にして、このことばを繰り返し続けるつもりです。

「まず、自分を愛しなさい」と……。

自己を愛し、自己を尊ぶということは、当然、「利己的」な行為です。私は、そのことを少しも否定するつもりはありません。

それどころか、自己に利益を求めるのは、あらゆる生物の生存本能に根ざすもので、それはむしろ自然法則の一つでさえあるのです。

自分のために働け

本田宗一郎は、

「私は自分が可愛いいし、人のために仕事をしているというよりは、自分自身のために仕事をしていることはたしかだ。人間、どのような理由をまことしやかに述べようと、しょせんは自分が可愛いことに変わりはない。究極においては、自分のために働くのである。私は会社のために働きにくるなどという社員は嫌いだ。自分のためにいかに働くかが問題であり、会社のためなどと昔の忠君愛国みたいなことを振り回されるのはいやだ。それが欺瞞《ぎまん》行為であることは、本人が一番よく知っているはずである。人はだれでも自分の生活をエンジョイしたい。自由になりたいということで仕事に精を出すものだ」（城山三郎・河島喜好他著『本田宗一郎の人の心を買う術』）と言っています。

また宗一郎が若かった頃、「俺はパーッと遊ぶために働くんだ」「好きなことをやらんで、なんの人生ぞ」ということをよく言っていたそうです。

とりようによっては、社員に誤解される発言なので、たいていの経営者はこういうことはわかっていても社員の前では口にださないことでしょう。しかし私は本田宗一郎の言葉は人間の本質をついているように思います。

そして、宗一郎のスゴいのは、働くことも徹底的にエンジョイしたことです。

「一日二十四時間、いかにエンジョイするかが問題なんです。働くことをエンジョイできるか否かは自分次第だ。自分のアイデアで仕事をしていけば、仕事もエンジョイすることができる。また、そういう人間は苦痛もエンジョイすることができる」

「仕事が面白いからやったんですよ。そりゃ体はエラい、辛い。しかし、心はエラくないんだな。どれだけ進んだ、もっとやりたいという気持ちが常にある。体はエラいけれど、心は喜んでいる」（前掲書）と述べています。

いうなれば、本田宗一郎という人は、自分を本当に愛した人ではないかと思うのです。自分を愛するがゆえに、人に対しては常に真剣に気持ちを汲み取ろうとしたのではないかと思います。

そして、人に好いてもらうために、人が嫌がることを自分が真っ先にやった。たとえば、外国人を接待し芸妓さんを呼んでワァワァ騒いでいたとき、その外人さんが入れ歯を便所に落としてしまった。宗一郎はとっさに汲み取りの便所にもぐりこんで入れ歯を探し出し、洗ってみんなの前で自分の口に入れ、ふたたび洗って持ち主に返したという有名なエピソードがあります。

「嫌なことは自分でやれ」というのが、まさに本田宗一郎の人心掌握の基本であり、リーダーとしての行動哲学であったのでしょう。

動と反動の法則

仏教では、欲を捨てよということを、しきりと繰り返し、無になれといいます。結果は、民衆に背を向けられ、葬式仏教という悪評をこうむることとなりました。

釈尊《しゃくそん》は、

「あらゆる事象に、固有の性格はない」（諸法無我《しょほうむが》）といわれました。ならば、この「利己」という言葉にも、それがあてはまるはずであり、それは無自性《むじしょう》すなわち「悪でもなく、善でもない」ものでありましょう。

さて、私は、人間は利己的であれ、といいました。

しかし、これは、世間でいう利己的と、ほんのわずかのところで差があるのです。世間でいう利己的とは、それはいわば「不完全な利己主義」であり、それはむしろ自分に不利益をもたらす行動を意味しているのです。

例えば、目さきの利益に目がくらみ、人にうそを言って、その利益を得たとします。しかし、この時に、この利己主義者は、信用という無形のしかし大切な財産を失ったことに気づいておりません。

人をあざむき、目前の小利を追求しているうちに、対外的には信用を失い、自己の内側には罪障感が起こります。こうして、この人は人的関係における調和を失い、したがって、その人の群居衝動は満足されず、不幸感を体験することになります。

小さな約束を反故《ほご》し続ける人、時間に遅れ続ける人、これらの人は、他人へ常に失望感を与え続けているのであり、他日、他人からその失望感を与え返される羽目となるのであります。これは**動と反動の法則**です。

簡単にいうと、これらの人々は、

「現在利己的であるために、未来の不利益を背負いこんでいる」つまり、不完全なる利己主義者なのです。

私のいう利己的は、

「現在も、そして未来も、自己に利益をもたらすべき配慮」を意味するものです。

いわば**完全なる利己主義**を目指すものです。

そのためには、

「深謀遠慮《しんぼうえんりょ》（遠い先のことまで深く考えたはかりごと）」が必要です。

世間では、失礼な行為をすることを、遠慮がない、といいますが、これはまさに、この意味から出たものでしょう。また古語に「遠き慮り（おもんぱかり）無ければ、近き憂《うれ》い有り」ともあります。

人間はとかく、目に見えるもののみを信じ、目に見えないことを軽視しがちです。ですから、信用とか、愛情とかの重要性も、ともすれば忘れてしまうのです。

何回もの仕事上の好機を逸した人、何人もの恋人に去られた人、これらの人々の多くは「不完全な利己主義者」であったのです。

現在も将来も、自分に利益あるよう深いおもんぱかりする人こそ、真の意味での「利己主義者」です。これこそ、己れの人生を愛し、尊ぶ者の考え方です。

そして、この深いおもんぱかりとは、具体的にいえば、「相手を尊重する」の一語に尽きます。

小さな約束を守り、いつも笑顔で人に接し、ぐちを語らず、他人を非難せず、時間を守り、失意の人を勇気づけ、愛語をもって人を喜ばせ、あなたへの中傷は笑って許す、とこのような行動や態度がそれです。

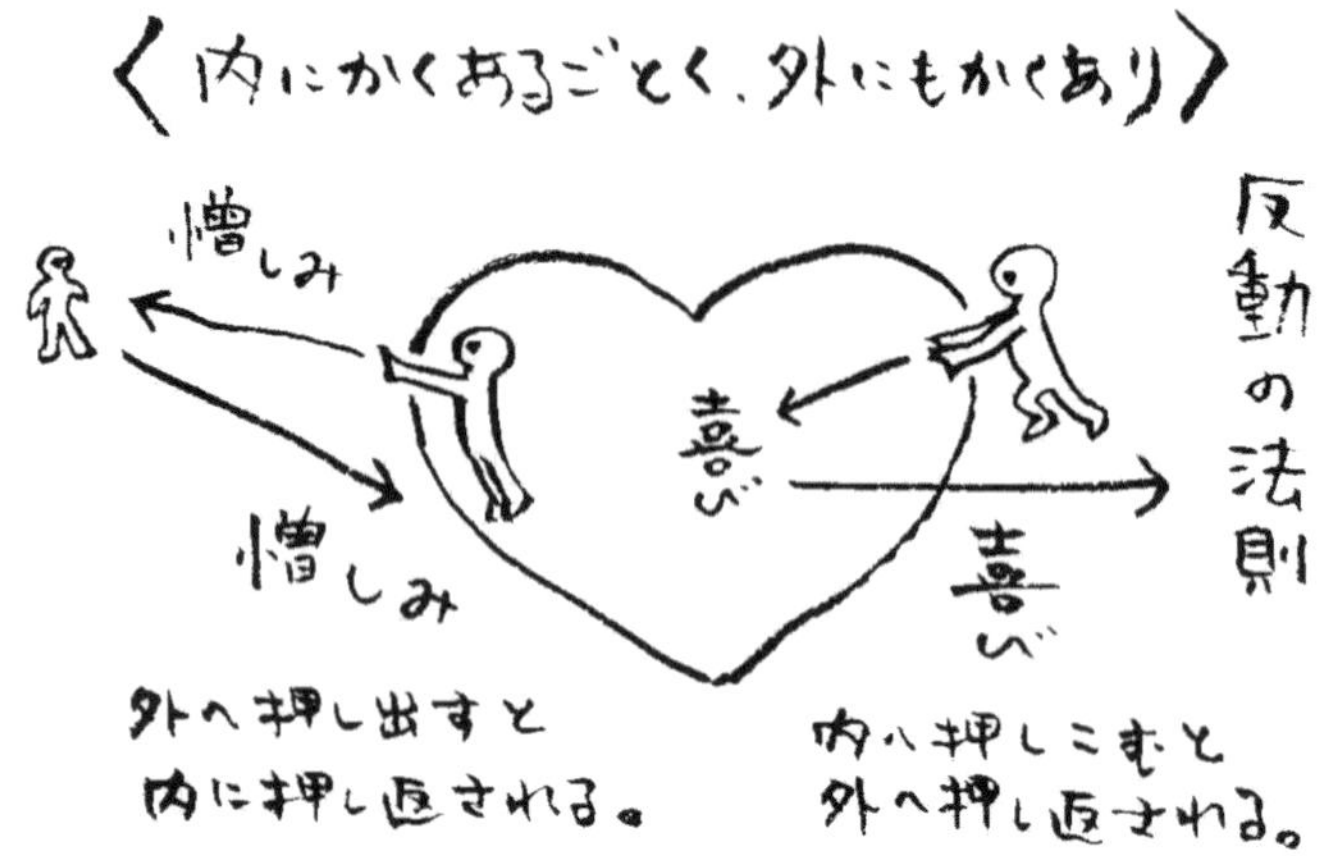
〈内にかくあるごとく、外にもかくあり〉
憎しみ
憎しみ
喜び
反動の法則
喜び
外へ押し出すと
内に押し返される。
内へ押しこむと
外へ押し返される。

そして、これこそ、「自分を愛するように、他人を愛する」行為といえるのではないでしょうか？　すなわち、「内にかくあるごとく、外にもかくあるべし」です。内に愛がよく充満する時、外にもその愛が広く及ぼされるのです。

自分の心を高める

もし、あなたの眼前にある相手が、あなたの自己重要感を押し下げるような言動を行なったとしましょう。

このような場合、あなたは決して反駁《はんばく》（他から受けた反対・非難に対して逆に論じ返すこと）してはなりません。そのような行為は、ほとんどの場合、事態の解決にならないばかりか、かえってそれを悪化させてしまうものです。相手の言動によって、自己重要感が低められた時、大切なことは、まず口をつぐむことです。そして、次に心の中で、自分の心を高める呪文を三回唱えてみることです。

私の場合は、次のような呪文を用いております。いわく、

「わが見識は空よりも高く、わが度量は海よりも広し」と……。

この呪文は、どのような言葉でもよいのです。前述したような、

「私は優れた人間である」でも、また、

「私は安心不動の悟りの内にある」でもかまいません。

このような自己暗示の言葉として、最高のものは、釈迦の言った次のことばでしょう。

「天上天下唯我独尊《てんじょうてんげゆいがどくそん》」（宇宙森羅万象の中で、自分ぐらい尊いものはない）

要は、これらの呪文を唱えることによって、相手のことばによって生じたダメージを振り払うのです。そして、自らの心を慰めるのであります。

最高の自己暗示の言葉
天上天下唯我独尊
私は一番偉いのじゃ
Mr.シャカ
元

自分の内に住む、この自己重要感を、会話という形式で他人の助力を求めることなく高めるこの第三の方法は、予想以上に効果的なものです。

もし実際にこの方法を試されるならば、あなたはその力にびっくりされることでありましょう。

かくて群居衝動も充足される

このようにして、あなたは自分を愛し、自分を尊重し、自分を高めて考えるならば、あなたのうちには余裕が生じます。

そして、その余裕は、他の人々を愛し、尊重し、彼らの自己重要感を高めてあげる力となっていきます。彼らは一様にあなたに魅きつけられます。

なぜなら、彼らはあなたに会い、話を交わすことによって、自己重要感が高められ、心からなる幸福感を味わうことができるからです。

こうして、あなたとあなたを取り巻く人々とは、ともに群居衝動が満足されます。

これこそが、最高の「魅力の秘密」なのです！

自他の自己重要感を高め、もって、共に群居衝動を充足させる。これこそが、自分に魅力をつける最も効果的な方法なのであります。

このようにして、群居衝動と自己重要感は切っても切れない相互扶助関係にあるのです。

人間嫌いがなぜ発生するかといえば、それはほとんどの場合、自己重要感が他人によってスポイルされたことによるものです。この意味から考えると、昔、山野に隠棲した幾多の賢人も、自分の自己重要感を一般人間社会においては、うまく取り扱いかねた人々であるとも思えるのです。

また、現代人が山に登ったり、旅に出たりするのも、自己重要感が傷つき、群居衝動が損なわれたのを、一時的にでもいやそうとする人間の無意識的な自己治療行為でもあります。

しかし、人間は生きている限り、他人とのかかわり合いから逃れることはできないのです。それは、本能的衝動の一つとして、群居衝動を有しているからです。これは厳然とした真実であり、それは宇宙の真理でさえあります。

生きている限り、私たちは他の人たちと仲良くして生きなければならないのです。つまり、愛し合わなければ、そこに幸福なる状態は生じないのです。

ですから、あなたに魅力があるということは、人々とあなたの間に愛の交流があるということになります。

このように考えれば、世界が平和でより住みよい世界になるためには、一人ひとりが、魅力的な人間になろうと努力することであるといっても差しつかえないのではないでしょうか？

第七章　性的魅力の根源（性欲衝動について　その一）

【人蕩《ひとたら》しの要諦四】

一、誇りと余裕をもつ

道楽して人間学を学んだ宗一郎

本田宗一郎は若いときから、芸者遊びをしたことは有名な話です。

後に、会社が大きくなり、その名が知られてくると、本田技研の社長とは言わず、耳鼻科の医師ということで名を隠して遊んでいたそうです。

なぜ耳鼻科の先生かというと、耳鼻科は一般的ではなく質問されにくいのでバレないからだそうで、これなどもいかにも愛嬌のある宗一郎のアイデアです。あくまでも一人の男として裸で遊びたかったのでしょう。

そして、遊んだ帰りにはぜんぶ現金できれいに払って、仲居さんにもチップをあげて、さっと帰ったといいます。

ところで、酒があり、女がいる遊び場では、誰でも人間性がむきだしになりますが、本田はそこで若いころから人間を学んだというわけです。

のちに、本田は、次のように語っています。

「僕は花柳界でほどナマナマしい勉強をしたことはないな。人を見るには、ほんとにあそこはいい場所ですよ。芸者は、そりゃ顔には出さないが、やはり客の好き嫌いはありますよ。ああいうところで威張るやつは最低だね。人の金で、タダで飲んだり、芸者を抱こうという男も最低。まあ、遊びはやはり自分の金を使わなきゃダメよ。自分の金を使えば、モテたいじゃないの。そうしたら、どうしたらモテるかを、必死になって研究するわね。まあ、こんな風に言うがね、僕は何も、人間修業のためや、付き合いのために芸者買いに行ったんじゃない。それはあとからくっつける理屈でね、行きたくて行きたくてたまらないから、せっせと行っただけよ、ガハハ…。いま社員と屈託なく同等につきあわしてもらっているのも、僕がある程度のデザインができるのも、すべてそういった遊びというものをやったおかげだ。デザインというものは、人の心を買うものだから、道楽した人でないと人の心に触れることがむずかしいということになる」（城山三郎・河島喜好他著『本田宗一郎の人の心を買う術』）

どうすれば、女にモテるかを花柳界で一生懸命研究した本田宗一郎は自然と人の心を買う術を学び、それを仕事にいかしたのでしょう。

とくに酒席ではみずからピエロになって座を盛り上げ、色街で鍛えたその手の話術は抜群におもしろく、それを聞いた人はどんな人でも笑いころげ、一瞬でお互いの壁を取っ払っていっぺんに引きずりこんでしまう絶妙の才があったそうです。

本田宗一郎はこうもいっています。

「技術屋は人間の研究をすべし。人間を根底としない技術は意味をなさない。人間を理解しなければ、いい商品はつくれない」

これらの考え方は本田の信念になって、その後、画期的な商品の開発となって実を結ぶことになるのです。

性愛の中の友愛

ある雑誌のインタビュー記事で、銀座のナイトクラブのママたちが、記者から、「どんなタイプの男性がもてるのでしょうか?」という質問を受けているのを読んだことがあります。

「しつこくない人」とか「思いやりのある男性」とか、いろいろの答えが出た後で、ずばり、「お金のある人ですね」と言ったママがいました。

これはまさに本音というものです。これに比べると他のママたちの答えは、いずれも建て前的な体裁を考えたもので、それぞれ部分的な事実はあるとしても、それは真実からは程遠いものです。

客がホステスに対して魅力があるのは、ホステスの生存本能（五大本能の第一）を充足させるからであり、ホステスが客に対して魅力を生ずるのは、客の性欲（五大本能の第四）を充足させる可能性を示すからです。

この可能性を示す場合を指して、俗に「コケティッシュな」と人は称するのです。

このように、客とホステスの間における魅力の要素は異なっております。そしてそれは、単に客とホステスの関係のみにとどまらず、広く男と女との関係にも通用する「力関係」のあり方です。

すなわち、「男の甲斐性」とは、男の魅力のバロメーターを示し、「美女は氏なくしても乗る玉の輿《こし》」の古い諺《ことわざ》は、女の魅力と、その力によって財力地位を得られる可能性を意味しているのです。

男は女に金を与えて、性欲を充足させようとし、女は男の性欲を充足させる代わりに、金を得ようとします。

まあ、こう言ってしまえば、まことに身もふたもない、エゲツない話になってしまいますが、これは最も原初的な真実というものでありましょう。

しかし、性欲といっても、直接的な性交というものは結末であって、通常いわれる魅力とは、むしろそれまでのプロセスにおいて、その有無が問われるものです。

ここにおいて、性欲も、他の本能的衝動の場合と同じように、それぞれへ関連しあいながら、それが充足されることになります。すなわち、性欲は性愛（肉欲）のみをもって表現されるものではなく、そこには友愛というべきものが付随する場合が圧倒的に多いのです。

この友愛は、あるいは夫婦愛、またあるいは人間愛として、しばしば表現されるものですが、それは要するに、五大本能的衝動の第二である群居衝動に帰すべきものです。

これは言い換えれば、性的魅力には、ほとんどの場合、群居衝動の充足という問題がからんでいることになります。

ナンバーワンの秘訣

次のような興味ある話を聞いたことがあります。

ナイトクラブのホステスで、売り上げのトップに立つ、つまりナンバーワンになるのは、奇妙なことに、その店で一番美しい女であるとは限らないというのです。いや、というより、美しい女である場合の方が少ないので、たいていの場合、年増で器量も十人並みということが圧倒的に多いのだそうです。

では、なぜこのような女性がナンバーワンになるのかというと、その秘密は、なんと、「相手の話に聞き入る」という一点にあるのだというのです。それも、真剣に興味を持って、相手の話に聞き入るのです。

社会的地位の高い、年配の紳士も、心に悩みはあります。その心にうっ積したものは、カタルシスとなって吐き出され、そのあと優しい同情の言葉をもって、その心はいやされるのです。

「女房にも言えないこと」と、これらの紳士は言います。そのようなことでも、「○○ママには、言えちゃうんだなあ」などと言って、クラブへ通いつめてしまうのです。

ある時は自慢を、ある時はぐちを、これらの話題をめんめんと語り続けるのを、相手に対し、真に興味をもって聞いてあげるならば、相手の自己重要感は最高に高められ、そして同時にその群居衝動も充足されます。かくて、これらの紳士たちは、その代償として、何百万円もの売り上げを彼女にもたらすのです。

そして、この時、女性の性的な優しさをもって、彼らに慰撫《いぶ》が施《ほどこ》されているのも見逃がせない事実です。

実際のところ、悩みのカタルシスを聞いてくれる職業は他にもあります。精神分析医、易者、宗教などの身の上相談などがあります。しかし、彼女らが、それらに比べて絶対的に有利なのは、そこにスキンシップとしての愛が介在していることです。

こうして、悩める男性は、女性的な性的優しさによって慰《なぐさ》められ、彼らの生命力はよみがえるのであります。

肯定暗示を用いること

しかし、このようなナンバーワンに、どのホステスもなれるかというと、これがなかなかそう簡単にはいかないのです。

というのは、読者のみなさんは、もう理解されているでしょうが、これは、「客の話を我慢して聞く」のでは、決してうまくはいかないからなのです。それでは、客のストレスが、ホステスのほうへ移住したに過ぎないのであります。

そして、そのストレスは、いずれは他人に対して、そして特にいやな客に対して爆発せずにはいられない潜勢力を秘めたものなのです。

それは「我慢」や「忍耐」によるものではなく、彼女の心の中で「解消」「消滅」してしまうものでなければならないものです。

そして、そのための必須条件として、彼女の心の中の自己重要感は、あらかじめ十分に充足されていなければならないのであります。

ところがです。彼女たちには一般女性に比べて、はるかに高い越えなければならない劣等感の障壁が待ち構えているのです。すなわち、それは「水商売」という名称であり、この言葉から生ずる一種のひけ目、あるいは劣等意識です。

ある女性は、やたらとつんけんとし、ある女性は冷たく美しく装い、それらを仮面として、その下の劣等感を隠そうとします。

しかし、そのいずれも効果的には思えません。結局のところ、彼女たちの自己重要感はスポイルされたままであり、その悩みの現われが、つんけんしたり、冷たいあしらいになって出てくるのです。

すでに何回も前述したとおり、他人の自己重要感を高めてやるためには、あらかじめ、自分の方の自己重要感が自力で充足されていなければなりません。

ですから、前記のような、ホステスのナンバーワンになるためには、特に、人間的に優れた人物でなければできないことなのです。

そのナンバーワンの女性が、天性その資質があったのか、または人生経験を通して、その境地にたどりつき得たのかは別として、このような女性は、まことに数少なく、またその故に、平凡な容姿でありながら、驚異的な売り上げを得ることができるのでありましょう。

自己肯定のやり方

では、その自力による自己重要感の充足の仕方とは、どのようにするのでしょうか？

この秘訣は次の一点にあるのです。すなわち、

「自己肯定」です。

これは非常に重大なところですので、よく注意し、かつ記憶してください。

自己肯定とは、自己否定の反対です。つまり、自分を高く評価することです。自己否定は自己卑下にまでつながります。もし、潜在意識下に、

「どうせ私はホステスなんだ」という気分がひそんでいるならば、たとえ表面では、いかにそうでないように振る舞っても、どうしても、その気分は他人に伝わってしまうのです。

これは、ホステスばかりではありません。他のあらゆる境遇の男女に適合することです。

「どうせ私はいい学校を出ていない」

「どうせ私は成功できない」

「どうせ私は異性にもてない」

それらの自己卑下の感情があれば、その人は、その苦しみに堪えかねて、他人に対して攻撃的にならざるを得ないようになります。

ここは例えば、次のような訂正暗示を自分に繰り返し与える必要があります。いわく、

「私は有名大学を出ていないが、○○の特技がある。私は一層この特技を磨いて儲かる仕事をしていく」

「私はうだつが上がらないが、それでも小さな会社の社長である。これは立派に社会のために役立っていることだ」

「私は女にもてないが、信念をもって仕事をしているし、部下もついてきてくれる。私にも魅力はある」

繰り返し言いますが、人は暗示の奴隷なのです。しかも、ここが大切なところですが、潜在意識は、その暗示がウソであるか真実であるかの選択をせずに受け入れてしまう

のであります。

例えば、女形の歌舞伎俳優が、「私の女形の踊りは芸術である」と、繰り返し思おうとするのもまさにこの方法を用いているのであって、この暗示が功を奏すれば、この役者は、見る見るうちに美しく、性的魅力を発揮するようになっていくのです。

自己を肯定し、自己を高く評価し、自己について誇りを持つ、ということ、これこそが自己重要感を自力をもって充足する、その最大の秘訣です。

ただし、繰り返しますが、その暗示を与える行為は、あくまで自分のうちで、秘密裡に行なわれねばなりません。そのことは、決して忘れてはならない注意事項であります。

プライド（自尊心）

身の上相談を受けている専門家の人々が集まって座談会をしている記事を、ある雑誌で読んだことがあります。

それは、男女関係のトラブルについての話題でしたが、そこで各人が一致していうことは、男に捨てられたといって泣きついてくる女たちは、一様にブスばかりだというのです。

「いやあ、捨てられたといって、ワーワー泣く女を見ると、いったいどんな男が、こんなまずいご面相の女に手を出したのかと思うと、不思議になるものばかりなんですよ」

などと、ひどいことを言っています。そして、各人同じように、

「いやどうも、手を出す方が不思議なくらいで、よくそんな物好きな男がいたものだと思うほどですな」と言います。

そこで、雑誌記者が、

「でも中には、たまにはいい女もいるんじゃありませんか？」と訊くと、にべもなく、

「いませんね。なぜなら、いい女は捨てられませんよ」と答えています。

なるほどと私は思いました。「いい女は捨てられない」この当たり前とも思える答えに、私は一つの真理を感じ取ったのです。

「捨てられた」ということの言葉の意味するところは多分に抽象的なものです。

この言葉は昔なら、多分に、第一の本能つまり「生存本能」と関連性があって、女は男に食べさせてもらっていた時代には、女は男に従属しており、それが放り出されたなら「捨てられた」という表現もなりたったのです。しかし、この考え方は、もう現代ではあまり通用しません。なぜなら、今日では「捨てた、捨てられた」というのは、単なる感情の上の問題でしかないからです。

美人でも、男と別れるケースは、ブスに劣らずたくさんあるはずです。しかし、この場合、男の方が、

「捨てられた」と言って泣いているかも知れないのです。

では、この「捨てられた」という意識あるいは感情はどういうところから発生するのでしょうか?

まず、それは「**被害者意識**」であるといえます。そして、この意識の根元は、自己の心の内に「プライド」が不足していることから発生しているのです。

すなわち、美人は男と別れても「捨てられた」という意識を持たないのは、自分の美しさについて誇りを持っているからで、自分が男に従属していたのではなく、男の

方が自分の美しさに魅かれてきて、自分の方へ従属していた、というふうに思っているのです。

ですから、自分が男を捨てることはあっても、自分が捨てられる立場にあるとは思ってもみないのです。

この意味では、この件を最も単純に表現するならば、それは常に、「未練のある側が、捨てられたという被害意識を持つに至るのだ」といえそうです。

いずれにしても、前記の捨てられたと言って泣きわめいた女性は、自分のブスであることに、潜在的な、そして決定的な劣等感を抱いていたのであり、その所業からは自尊の心、つまりプライドといった感覚はうかがい取ることはできないのであります。

「捨てられた」といって泣きわめく姿に、人々はあまり同情の念を覚えず、むしろそこにある醜《みにく》ささえ感じます。なぜならば、そこには、内に秘めた自尊の心が少しも見られないからです。

「誇り」と「高慢」

「誇り」と「高慢」は似《に》て非《ひ》なるものです。多くの人は、この二者を混同して考えるので、そこに誤解や混乱が生ずるのです。

誇りも高慢も、共に自己重要感を高める心理的行為ではありますが、前者は自分の心の内において行なわれ、後者は他人に対して行なわれるという違いがあります。

そして、誇りを内に秘めた人は、一種の清涼感をもったいさぎよさ、美しさがあり、高慢を他人に示す人は、常に嫌みを発散させるのです。

そして、しばしば内に誇りを持ってない人は、外において高慢さを発揮し、それをもって、自己重要感を高めるための代償作用を行なおうとするものです。

いずれにせよ、「捨てた、捨てられた」という言葉は、外界的な現象ではなく、内界的な意識のあり方の違いにしか過ぎません。

人はもし、自尊の心を内に有していたならば、捨てられたなどという被害者意識を持つことは決してないでしょう。

前記の座談会に出たブスの話は、ブスはその顔つきの不器量さによって醜《みにく》いのではありません。その時泣きわめいた、その態度のあり方が身の上相談の先生方に不快感を与え、それが彼女らをいっそうブスに見えさせたのであります。

被害者意識は、他者依存心から出てきます。そこには、自立自尊の美しさはありません。

もし、彼女らに、内に自分を大切に思う心があったなら、顔つきはまずくても、十分他人に対して、ある種の美しさ、それはしばしば「心の美しさ」と人はいうのですが、これをもって人を魅きつけることができたろうに、と私には思えるのです。

秀吉なども「あれは人か」と言われるほど、生まれつき猿に似た顔で若い頃はいじめられもしましたが、自分の容貌の醜《みにく》さに負《お》い目《め》を感じるどころか、それを一つの道具としていろいろと役立てています。

誇りを内に持つ方法

では、どのようにすれば、このような「誇り」を自分の心の中に植え付けることができるのでしょうか？

これは難しいことではありません。

瞑想か自己催眠を用いて、一種の没我的な精神状態に入り、自分は優れた人間であるという暗示を、言葉にして、口の中で唱えるだけでよいのです。

前にも述べましたが、人間の潜在意識というものは、それが真実であるかどうかの判定をせず、繰り返された暗示は、それをそのまま本当として受け入れてしまうのです。

ですから、あなたが本当に優れた人間かどうかについての心配はされなくても結構なのです。ただただ、自分は優れている人間だという意味の言葉を暗示として、自分に繰り返し与え続ければよろしいのであります。

ではここで、だれにもできる手軽な瞑想の仕方を次にご紹介いたしましょう。

まず、静かな、そして一人きりになれる部屋が必要です。時間はできれば夜の方がよろしいのです。電話などで中断されることは好ましくありません。

できればロウソクをつけ、香を焚くと心が落ち着きます。座り方は、坐禅やヨガなどのポーズが望ましいのですが、正座でも、椅子でもかまいません。ただ、背筋だけはまっすぐに伸ばしてください。しかし、あまり緊張して、上半身を固くしないように。両手を上むけて、両ひざの上に置きます。そして、ロウソクの火をじっと見つめてください。深呼吸を十回やります。吸う息は普通に、吐く息をゆっくりと長く「ひとーつ」「ふたーつ」と数えながら……。

十かぞえたら、目を静かに閉じてください。そして、まぶたの裏に、今まであったロウソクの炎のあたりをじっと眺め続けます。頭に浮いてくる考えは、そのままにしておいてください。つまり、何を考えても自由です。

こうして約五分たったら、もう一度目を開けて、ロウソクの炎をじっと見つめます。そして、ふっと目を閉じ、その炎の中に自分自身の意識がすっと入っていった、と思うのです。ファーッと、光とともに全身の意識が拡大していき、大宇宙の空間の中に、無重力状態で、あなたは浮かんでいる、と思ってください。

さあ、ここで、心の中で自分自身を高めるためのマントラを、繰り返し唱えるのです。最低三回は唱えてください。

例えば、次に記したような言葉ですが、これは、あなたが自分に合うような文句を

創作されるのが望ましいのです。

「私はりっぱな経営者になる」
「私は大金持ちになる」
「私は優れた人間である」
「私は大勢の友人に愛される」
「私は山のように落ち着いている」
「私の心は海のように広い」
「私は世のため人のためになる」
「私の能力は無限にある」
「私はこういう自分に心から感謝する」
「私はいつでも、どこでも、リラックスできる」
「天上天下唯我独尊」

このような言葉を、マントラとして、ゆっくりと心の中で繰り返していると、それは潜在意識の内に蓄えられていって、日常生活のあなたの意識行為の上に、信じられぬほどの力となって現われてくるのです。

これは、すなわち、あなたの意識の中に、「自尊」の感情が芽ばえてきたことを意味します。

こうして、あなたの自己重要感は、だれの助けを借りる必要もなく、自分自身の力で高められ、充足され、そして実際にあなたは精神的余裕を得、真に魅力ある人物へと変貌していくのであります。

求めずして得ること

例えば、誇りを内に秘め、態度に余裕の出た女性は、男性に対して、強く何かを求めません。

男が女に対して興ざめた思いをする時は、その要求的態度や、その計算高さなどであることが最も多いものです。

以前、私が社会人になったばかりで、経済的にも、あまり豊かでなかった頃、ある女性とレストランへ入った時の話です。

この女性はメニューを見て、一番高いものを探し出し、「どうせおごってもらうんだから、一番高いものにするわ」と言ったのです。このとたん、私の気分はシラけてしまいました。この女性はけっこう美人だったのですが、私はもう彼女をすっかりうとましく感じてしまったのです。

これに反して、貧乏だったこちらの懐《ふところ》具合を思いやって、ほどほどの値段のものを探そうとしてくれた女性には、今、懐かしい思い出があります。

まさに、この書で説いている真理、「魅《み》は、与《よ》によって生《しょう》じ、求《ぐ》によって滅《めっ》す」は、ここにも証明されているのです。ここにおける「与《よ》」とは、相手の立場を「思いやる」という点にあることはいうまでもありません。

相手を思いやるとは、大きくいえば「愛」の発露《はつろ》です。すなわち、これは「愛を与える」の意味に他なりません。

そして、前にも述べましたとおり、人間の性愛には、どうしても、この意味の愛が伴わねば、相手の心を捕えることができないのであります。

性欲の対象に限らず、相手から何かを得ようとするには、それを直接的に求めるのは、拙劣な方法です。直接求めれば、相手は一歩後退する場合が非常に多いのです。

もちろん、究極的には、こちらはそれを求めているのですが、直接的にそれを表現せず、相手の気をまず自分の方に魅きつけることが大切です。

そして、その上で、「何か」を相手に与えるのです。それは形あるものでも（お金、物など）また形ないものでも（愛、知識など）何でもかまわないのです。

とにかく、相手の何らかの本能的衝動を充足してあげるのです。

すると、あたかも果実が熟して、自然に手の内に落ちてくるごとく、あなたはそれを得ることができるのであります。

二、自己の欲望を燃え立たせよ

長生きの秘訣

明治十二年生まれの物集高量《もずめたかかず》さんという学者が、ライフワークとして、群書索引、広文庫などを出版され、百歳の時、『百歳は人生の折り返し点』という本を出されました（昭和六十年、百六歳で没）。

この人に、記者が、「長生きの秘訣は？」と訊ねた時の返事がとてもおもしろい。以下はその引用です。

「あたしは長生きする方法は、けっきょく三つだと思うんですよ」

――その三つとは何ですかね。

「そのうちの一つは、スケベエが長生きするんですよ（笑）。スケベエというと非常に言葉が悪いんですけれど、あれは女にモテる奴をしゃくにさわるからいう言葉なんですよ。あいつはスケベエだと、モテない奴がいうんですよ。それと非常な欲張り。

お金を儲けるならうんと儲ける、学問するならうんと学問する」

——中途半端はだめ。

「ああ、なんでも欲張りじゃなければ死んでしまう。人間は欲張りにできているんですよ。だから無法に欲張りがいい」

——欲張りが長生きの二つ目。

「豊臣秀吉なんかは日本では足りないから、支那をとっちゃおうかと思った。それがうまくいかなかったんですけれどね。日本ばかりじゃ満足できなかったからね、あの男は。あれなんかは欲張りの代表でしょうね。満足は、あれはいけない。無限の欲張りが長生きの秘訣」

——残りのひとつは何でしょう。

「今度は、なんでも恐れずに取っ組みあう勇気ですよ。ごく平凡にいえば敢闘精神。いい言葉ないですかね、もっとほかに。もっとピタッとする言葉ないでしょうかね。あたしの仕事はそれが商売ですからね」（『百歳の青年二人大いに語る』竹井出版刊より）

欲望の力

私はこの書の冒頭より、繰り返し、人間の魅力とは、他人に何かを与えることによって生ずるのだ、と述べてきました。

しかし、ではそもそも何のために、人に何かを与えようとし、また、自分の魅力を増加させようとするのでしょうか？

その答えは単純にして明快です。すなわち、結局は、自分が利益を得るための手段なのです。

そして、その利益を得ようとする意識こそ人間の生命力の根元であり、それは「欲望」と呼ばれるものです。これはつまり、欲望が強ければ強いほど、その生命力は強まるという原理を示しております。

昔、私が自分が飼っていた犬と猫の死に立ち合った時の状態が、それをよく証明しているのです。

犬は一晩中苦しんでいたのですが、明け方、私がそばへ行き、身体に手をふれた瞬間、息を引きとったのです。猫もそうでした。大きな土佐犬にかまれたのですが、この時も、人の知らせで私がそこに駆けつけるまで横たわり荒い息をしていましたが、私の声を聞いた途端に動かなくなり、死んでしまいました。

これらは、彼らの群居衝動的欲望の力を示すものです。

つまり、飼い主に会いたいという欲望が彼らの生命力となり、それまで、彼らを生かしていたのですが、その衝動が充足された瞬間、彼らの気力はなえてしまったのです。

これらの意味するところは、人間も生きるには力強い欲望を持たなければ、力強い人生を展開し得ないことを意味しております。そして、その欲望とは、五大本能的衝動をより力強く充足していこうとする意欲が原点となっているのです。

丈夫で、いつまでも若々しく、長生きする人は、それだけでも魅力的ですが、それは以上の理由によるものです。

前記の物集さんの言う、

①スケベ

②欲張り

③敢闘精神

長生きのための三つの秘訣は、それはそのまま、魅力を発揮するための原点なのです。

自分に生命的活力があれば、その力は知らずして、他の人々に分け与えられていきます。何ごとも、生き生きとして華やかでなければ、人々はその周囲に引き寄せられません。

私たちはまず、自己の欲望を燃え立たせ、次に、その欲望の充足のやり方を学び、「まず与えよ」という原理を用いて、おのずから欲するものが、自分の手の内に転げ込んでくる「魅力術」に長じなければならないと思うのです。

第八章　陽気さこそ成功の源泉（性欲衝動について　その二）

一、心の葛藤を乗り超えよう

心が病んでいる状態

生命的活動が十分に発動される状態が、すなわち「完全な意味の健康状態」であることに、だれも異論のないところでしょう。

ところが、この完全な健康状態とは、「心身の二面」において健康でなければ、完全とは呼び得ないことに、多くの人は気づいていないのです。

すなわち、それらの人々は、健康とは単に丈夫な肉体、身体が病気でない状態のみについて、健康の問題を考えがちなのであります。

ところが、心が病んでいるならば、それははなはだしく人的関係を損ない（群居衝動がうまく充足されない）、それは仕事や異性関係にも悪影響を及ぼし、ひいては精神や神経的機能がおかされ、うつ病や心因性疾患などにとりつかれることになるのです。

特に、男女間において発生する不和の原因は、この心が健康でないことによる場合が圧倒的に多いのです。

では、この「心が病んでいる」ということはいったいどういう状態なのでしょうか？

それは何によらず、人間の持つ五つの本能的衝動がうまく充足されていない状態を意味するものです。

そして、その中でも最も多いケースが「自己重要感の飢渇《きかつ》状態」という心の病いなのであります。

これについては、前章で詳しく説明しましたが、この章における「性的衝動の充足」という命題においても、それは特に重要になってきます。

通常「いばりちらす男性」は、プライドが高いから、そのような態度になるのだと思われがちです。しかし、これは大きな間違いなのです。

えらそうにしている男性、弱い立場の人に対してきつい態度をとる男性、怒りっぽい男性、とこういうタイプは、実は内心に劣等感を抱いており、その苦しみから逃れようとして、外部に対し、そのような態度をとるのです。

彼たちは、自分より弱い立場にいる人と接した場合、常に、

「自分はえらい男である」といった表現を無意識のうちにしてしまいます。

例えば、前述しましたが、見高《けんだか》な女性が男性にご馳走になる時、レストランでメニューを見て、一番値段の高そうなものを選んでしまうのは、自分は安物ではないという無意識的表現をしているのです。

また、エッチな男性が、乳房やお尻などにさわったりすると、必要以上に怒り、「バカにしないでよ」とか、

「私はそんな安物じゃないわよ」などと口走る女性は、まさに、「もしかしたら、自分は他人から安く評価されているのではないか？」という危惧《きぐ》の念を心に抱いているため、反射的にそういう行動に出てしまうのだと考えられます。

これらの表現は、もちろん、彼女たちの求めることの正反対の効果をもたらしてしまいます。

結局のところ、彼女たちは、男性に対して「私を高く評価してください」ということを求めているのですが、私が繰り返し述べている魅力の基本原則「魅は求《みぐ》によって滅《めっ》す」に従って、自分をかえって安っぽくさせ、そして男性たちの嫌悪感さえ駆り立

てしまうのであります。

また、夫婦間における浮気によるトラブルには、その心の苦しみとは案外に、「自分のプライドが傷つけられた怒り」というものが主体となっていることが多いものです。これは、自己重要感が大きく引き下げられたことによって発生した苦痛なのです。

浮気を破滅に導かない解消法

そしてこの苦痛は、いうなれば「自己被害意識」といった感情の波立ちとなって意識体験されるものですが、たとえば、自分の浮気がバレてしまった時、また、自分の夫か妻の浮気を知ってしまった時、いずれの場合も、多かれ少なかれ、心は動転します。

夫婦間には、最初は目に見えぬかげりのような雰囲気が発生し、ついで「怒り、憎しみ、疑惑、軽蔑」などの暗い情念に当事者は捕われ、遂にそれは行動になり、口論、または逆に無言の行為、また時にそれは暴力にまで発展します。

しかし、それらの争いの繰り返しは、一向に、両者の心を晴らすことにはならず、陰うつな思いは、かえって心に増すばかりです。

浮気の被害者は、恥辱感や劣等感にさいなまれ、加害者は、その浮気の起きてしまった原因または責任を相手に転嫁して、自己の罪障感を和らげようと必死になる場合もあります。

被害者は、その憎しみを夫（妻）に直接ぶつける場合もありますが、また、その相手の女性（男性）に対し抱く場合もあります。

加害者は、かえって開き直ってしまい、どうとでもなれと不貞《ふて》くされた態度になってしまうこともありましょう。

いずれの場合も、心は不健康な状態に陥り、それは、やがて肉体的、日常生活面、そして、仕事の面に現われて来ずにはおられません。

ここに、人がその人生を誤り、不運、不幸、失敗、病気、などにさいなまれる将来を迎える一大要因があるのです。

そして、これらの「不都合きわまる人生」を演じさせるための直接的引き金となるものは、まさに「病んだ心」に発するのです。

では、この病んだ心とは、一体、どのような状態かといいますと、それはひと口に

いえばほとんどの場合、

「自己被害意識」

という病原体によって成り立っているものと思われます。

相手に浮気された方の被害者は、当然、自分は、

「裏切られた」と思い、相手の背信行為を激しく責めたくなる、すなわち、被害意識を抱くものですが、一方、浮気の加害者の方でも、自分をこうさせたのは、夫（妻）の方にも原因の一端がある、と考えたり、

「ああ、どうせ、俺一人がみんな悪いんだよ」

などと口走ったりするのも、やはり、被害意識の現われといえましょう。

夫婦間において、いったん、どちらかの浮気行為が発覚すると、最初の衝撃から、長期にわたる心の苦しみというものが始まるのが、世間における通例であり、また、およそ、世の夫婦の九十パーセントは、一生の間において、一度はこの危機感を体験するものと想像されるのですが、その心の苦しみの発し来たるもと、すなわち、その元凶は、まさに、この

「自己被害意識」にこそあるのです。

この意識は、ついで、その人に、

「自己憐憫《れんびん》」という情動を生じさせます。そして、この自分を憐《あわ》れむという思いは、次第に自己存在への否定、自己生命力の衰退から虚脱感へと進み、

「何となく魂の抜けたような心持ち」となり、仕事に対しても、人生そのものに対しても、何事もやる気力をなくしていくのです。

こうなっては、まさに、それは、

「人生の危機」であります。私たちは、何としてでも、この危機は避けなくてはなりません。

例え、この夫婦が、その浮気の結果、離婚になってしまおうと、また、一応仲直りして、その結婚を続行しようと、それはもう二の次というものでありまして、緊急の要務としては、この自己破壊活動という「生命の危機」を、何としてでも、回避しなければならぬ、という事態に直面するのです。

この自己被害意識から、さらに自己憐憫《れんびん》への移行は、まさに自己劣等感が救い難いところまで落ち込んでしまったことを意味します。

そして、次の自己破壊活動というものが昂じますと、その終点は前にも述べましたが、

①精神病者になる

②犯罪者になる

③自殺する

という非惨なことになってしまうのです。

このように、自己重要感は、一度その取り扱いを誤ると、その人の一生をだいなしにしてしまうほどの重大な意味を持っているのであります。

自己被害意識と自己重要感

以前、四十年配のある夫人から相談を受けたことがあります。

彼女はなかなかの美人であり、夫は事業家で、暮らしむきは豊かなように見えまし

たが、その表情はこわばっており、身体の動きもぎこちなく、のろのろとしておりました。

これは明らかに、自律神経失調症の徴候です。私はひと目見てそれがわかりました。話してみると、やはりそうで、彼女は強度のうつ病だったのです。肉体的疾患も方々にあり、常にその慢性化した痛みに苦しんでいたのです。

そして、その原因はやはり「自己被害意識」でした。

彼女は、めんめんとして、いかに夫が自分に対して横暴であるか、また、家庭環境がいかにメチャクチャなものであるかについて語りました。その話の内容には正直いって私も少々驚いたくらいです。

ご主人の留守に、舅《しゅうと》さんが彼女を襲い、犯そうとするというのです。この舅さんは、つれあいを亡くし一年目ぐらいに、よくいわれる色ボケになってしまったのでした。

最初、キッチンで洗いものをしている時に、背後から抱きつかれ、けしからぬ振舞いに及ぼうとしました。仰天した彼女は舅さんを突き飛ばし、表へ飛び出して、ご主人にすぐ電話をかけました。ただちにご主人は帰宅したのですが、ここでご主人は、彼女の言うことを信じないのです。

「親父は、ずっと謹厳実直でとおってきた男だ。そんなことをするはずはない。お前の作り話だろう」と言うのだそうです。

そして驚いたことに、この舅さんも、息子さんがいるところでは、ケロッとして何もしなかったような顔をしているのです。

彼女は憤慨《ふんがい》し、

「妻の私を信じられないのですか？」とばかりにかみつき、そこから果てしない争いは始まったのです。

最近では、同じ屋根の下にありながら、別居も同然の暮らしで、ときおり、夫は他の女を家まで連れてきて、自分の部屋に泊らせたりしているとのことです。

激しい夫婦喧嘩が繰り返され、彼女は次第に外界に対して無反応になっていきました。これはうつ病の始まりです。

ついに家事も何もやらなくなり、部屋の一隅にじっと坐り続けて動くことが極端に少なくなりました。そして、手足の筋肉痛、のどの痛み、痔、頭痛、腰痛など、実にさまざまの疾患が生じ、常に彼女を苦しめるようにもなったのです。

これは典型的な自己被害意識重症患者の姿です。

彼女のうつ病状態は、ひと口にいえば「復讐」であり、それは戦いの一形態です。ただ、それは彼女の心下の無意識層から出ているため、彼女自体は、それに気づいていないのです。

そして、これらの意識のきたるところの根元は、

「私をバカにした」という怒りから発しているのです。すなわち、彼女の自己重要感が大きくスポイルされたところから生じたものなのであります。

心理的に敵を許す

私は彼女に対し、

「あなたの病気はすぐ治りますよ。もし私の言うようにすれば……」と言いました。

「しかしその前に、確認しておきたいことは、本当に心から、あなたは病気を治したいと思っているかどうか、です」

「もちろん、私は本当に自分の病気を治したいのです」と彼女は答えました。

「では、その療法について説明しましょう。それは、とても簡単なことなんです。ただ問題は、あなたにその気が出るかどうかなのです」と私は言いました。

「まず、軽い自己催眠に入り、あなたはご主人の前に坐っている、と想像します。そして、両手をつき、頭をさげ、心の中で、こう言うのです。

〝私はあなたを憎みません。私はあなたに感謝しております〟と……。この言葉は三回以上繰り返して言わなければなりません」

「そんなことは言えません！」言下に彼女はきっぱりと言いました。

「私は自分の気持ちにうそをついてまで、そんなことは言えません。第一に、悪いのはむこうなのに、なんで私が相手に感謝などできるのですか？」

「これは治療法なんです」と私は穏やかに応じました。

「もちろん、あなたのご主人が一〇〇％悪いことはわかっております。また、あなたがそれに対して感謝しなければならないなどとは、論理的には全く成り立たないこともわかっております。

でも、これは治療法なんです。自己暗示としての言葉にしか過ぎません。それは不合理なものかもしれませんが、この言葉は、あなたの心の緊張を取り去るのに役立つのです。

あなたの心の緊張が取れれば、あなたの肉体の緊張も取り去られます。そうすると、あなたの病気は、あなたの体内にひそむ自然治癒力によって治ってくるのですよ」

しかし、容易に彼女は私の勧めに従いませんでした。

数ヵ月の間、ときおり、前記したような会話が繰り返されておりましたが、うつ病傾向が特にひどくなり、不眠のやつれで、すっかり打ちひしがれてしまった時、彼女は、「この苦しみさえ逃れられるならば、何でもやります。助けてください」とついに言ったのです。

私は言いました。

「まず、あなたの今まで心に抱いてきた理念、常識、理論、道徳といったものを、いったん捨ててしまうことが必要なのです。

例えば、キリストは『もし、右の頬を殴られたら、左の頬を差し出せ』とか、『汝の敵を七の七十倍許せ』などと言いましたが、これは、キリストが非常に優れた心理的治療家であることを意味しているのです。

彼は心の中に永く巣食っている憎しみの感情がいかに肉体的健康面を損なうか、よく知っていたのです。

この意味では、キリストはむしろ宗教家というより、現代の心因性内科の医者に匹敵するような業績を挙げた人といってよいでしょう。

あなたを殴った相手が、道徳的に正しかろうが、間違っていようが、キリストはそれを全然区別していないことによく注意してください。

この点、彼は全く論理的ではなく、むしろ、世の中の道理から見れば不合理でさえあります。

でも、理由のいかんを問わず、敵のあなたにした仕打ちを許してしまうことは、あなたにとって利益があるのです。

すなわち、あなたの心のしこりを取り去り、もって、あなたの肉体の痛みや苦しみを取り去ってしまうという利益が……」

完全に納得したようには見えませんでしたが、彼女はともかくやってみよう、と言いました。なにしろ、疾患による苦痛と、不眠の悩みからは、どんなことをしてでも脱け出たかったからです。

私は彼女に簡単な自己催眠法を教え、そして、最前の自己暗示の言葉を、彼女は軽いトランス状態の中で唱えることを、毎日、何回も繰り返しました。

経過は良好で、彼女の顔や肌の色つやは増し、笑顔が多くなり、それとともに、次第に不眠や他の症状も薄らいできました。

彼女が完全に回復し、健康美を取り戻すのはもう間近いことでしょう。

「事《こと》の固然《こぜん》」を知れ

長い人生には、信じていた人に裏切られ、茫然自失《ぼうぜんじしつ》という目にあうこともあるでしょう。そんな時には、この「事《こと》の固然《こぜん》」の一文をぜひお読みになることを、お勧めします。

昔、中国のある宰相が、食客《しょっかく》を三千人も養っておりました。それが失脚すると、皆逃げ出して、彼にハナもひっかけなくなりました。

ところが、彼が再び昔の地位を得ると、その逃げ出した連中がシャアシャアとして、彼のところへ戻ってきて、彼に取り入ろうとしたのです。

そこで彼は嘆息《たんそく》して、「ああ、なんと恥知らずな連中だろう」といいました。

ところで、ここに彼の忠実な部下がおります。彼は忠実なばかりではなく、人格優れた、しかも政治家としても傑出した彼の参謀格の男なのです。この男が彼の嘆《なげ》きを聞き、それをいさめて、こう言いました。

「お嘆きなさることはありません。何故なら、これは『事《こと》の固然《こぜん》』に過ぎません」

彼は怪訝《けげん》な顔をして尋ねました。

「その『事《こと》の固然《こぜん》』とは、いかなることかな?」

彼の忠実な部下は、こう答えました。

「朝、市に行けば、大勢の人が集まり、大いに賑《にぎ》わっています。しかし、夜には、ほとんど人影もありません。この理由は、人が朝を好むとか、夜を嫌うためではありません。朝は求める品物があり、夜はそれがないからに過ぎません。それは当然の姿です。自然の成り行きです。

人間関係でも同じことです。金持ちの門には人がむらがり、貧乏人には交わる人が少ないのが当然の姿です。

人が信用できるか、できないかなどと悩むより、『物には必至《ひっし》あり、事《こと》に固然《こぜん》あり』ということを知ることです。

信ずるといい、信じないというのも、それはいわば他人に対する甘え意識のあらわれにしか過ぎません。一切の甘えを捨てて、冷たく人間の姿を見きわめることこそ、どんな事態にも動じない人間関係を築くことができるのです」

この文章を一読した時、私はいかにも冷然としたこの臣下の態度に戦慄《せんりつ》さえおぼえました。

しかし、しばらく考えてみて、待てよ、とそれを思い返してみたのです。

これは冷たい心の態度ではなく、むしろ、凡庸《ぼんよう》な人々に対する「許容」の態度ではないか。それは「許し」と、さらに言うならば「愛」を示していることではないか、ということにまで思い至ったのであります。

寛容さを心内に創造する

もう読者の皆さんは、よくおわかりになったことと思いますが、性的衝動による欲望も、人間社会では、それが単一に発揮されることは少ないのであって、たいていの場合は、友愛（群居衝動）および、優越心（自己重要感）の情動を伴って、意識化されてくるものなのです。

そして圧倒的に多いケースは、自己重要感の充足がうまくいかず、ために相手の群居衝動を傷つけ、結果として、性欲も充足されなくなってしまうのです。

ですから、逆にいえば、自己重要感がうまく充足されてあれば、相手の群居衝動も満足させ、もって自分の性的欲望も充足できるということになります。

自己重要感を、自らの手で、自らの内において高めてしまう方法については、すでに第五章において前述しました。

それは、自己表現つまり仕事に成功していくこと、人々のために何か役立つことをすること、ひそかに自分の内で、自画自賛してしまうこと、などでした。

しかしこの他に、前項のうつ病の女性に勧めたような「相手を許す」という寛容の態度にも、自己の優越性を育て上げる大きな力があるのです。

「寛大さ」これを、心の中に打ち立てることはなかなか容易ではありません。

しかし、どのような方法あるいは理由にしろ、いったんこれを成し遂げると、あとは、比較的楽に、心の広やかな人格へと、自分自身を変貌させていくことができるのです。

もちろん、この世の中には、自分にとって有害なタイプの人間というものは必ず存在します。寛大であれ、というのは、そのような人間を去らしめるな、と言っているのではありません。

時には、自分の物質的損害から身を守るため、その人を去らしめたり、その人から自分が逃れたりすることは止むを得ない場合があります。

しかし、そのような場合でも、相手のその不当な態度を憎んだり、怒ったりする必要はないのです。

相手に対し、自分の心を寛容であろうと努める時、自分の心の優位性は保たれ、それは自己重要感を自らの内でひそかに大きく高めることができ、ひいてはそれが、あなたの大きな人間的魅力の土台となるのであります。

なぜなら、この方法は、あなたの心に平和をもたらし、そのうちに、あなたの人相も感じが良くなってきて、人々に好感を与えるようになるからです。

さらに言えば、相手に対し寛容になるというのは、自分の心から憎しみの感情を引っこ抜くということが大事であり、その上に、相手を好きになる必要性まではない、ということです。

キリストの言った「汝の敵を愛せよ」は必ずしも「好悪の念を変えよ」と言っているわけではなく「好き嫌いを超越したところで、敵を許してやれ」と言っているのだと思います。

敵を許すということは、自分の心を縛っている憎しみという否定的な感情から、自分が解放されて、自由な心境を得るということに他なりません。

空《くう》の哲学

ここでいうキリストの愛とは、多分に釈迦《しゃか》の説いた慈悲《じひ》と相通ずるものです。なぜなら、それはともに、自己の「好悪の感情」を超えたところに発揮される心だからです。ところが仏教では、さらにその上の心的境涯を追求せよ、といっております。それは何かというと、これが仏教本来の根本的教義である、「空《くう》の哲学」なのです。

この「空《くう》」とは何かといえば、それは有名な般若心経の中に記されてある「色即是空《しきそくぜくう》」の空のことです。

これは「一切皆空《いっさいかいくう》」ともいい、私たちが、五感的知覚を通して知る存在の一切は、そもそも私たちが考えているような形や色として実在しているものではない、と説いております。

したがって、私たちが実在していると信じている世界について、これが正しい、とかあれが間違っている、とか断定したり主張したりすること自身さえ、錯覚の中において行なわれているに過ぎないものであり、この理を悟り、一切の是非善悪を超越し得た人を、「悟った人」と呼ぶのです。

そして、この悟りを得た人は、人間の考える存在の世界を「空《くう》」と観ることができる人であり、そのように見る宇宙観を「空観《くうがん》」と称します。

この空観《くうがん》の境地に達し得た人は、すべてを自由自在に観てとれる人であり、このような修行者を「観自在菩薩《かんじざいぼさつ》」と呼ぶのです。

このような「悟りを得た人」でなくても、また、そのような心の修行をした人でなくても、無意識のうちに、心の中にある「空《くう》」の感覚を得て、望むものを手に入れている場合もあります。例えば、次のような話がその例です。

非常に美貌ではあるが見高《けんだか》く、男たちが容易に近寄りがたいような女性が、意外にも、何の取り得もないような、生活力もなく、ハンサムでもない男と関係が生じてしまうことがよくあります。

人々は、

「なぜ、あんな美しい女が、あんなくだらない男と一緒になったのだろうか？」とうわさをします。

この理由は、男がその女性に対し、奴隷的な奉仕を惜しまないことによるのです。

彼は「男の面子《めんつ》」だとか「体面」とかに全然こだわりません。人前で、その女性にどんなにバカにされても、怒ったり、恨んだりしません。そして、誠心誠意、心からその女性に尽くすのです。

やがて、その誠意ぶりがこの女性の心を動かし、その情にほだされて、この男に身をまかせてしまいます。

注意すべき点は、この男は我慢や忍耐でそれをなし得たというわけではないことです。

それは我慢の限界などをはるかに超えてしまっているのであり、またそうでなくては女性の心を動かせるものではありません。

すなわち、体面などにこだわる前に、この男の自己重要感というものは消え去っているのです。つまり、それは空じられてしまっているのです。

この男は、ただただ一心に、この女性の歓心を得ることに集中しております。そこに全身全霊をこめて意識を集中していると、他の衝動は弱まり、消え失せていってしまうのです。

ここに、自己重要感というものも、男の心中になくなれば、恥辱感というものも消えてしまい、他人がどう見ようと、どううわさしようと、一切が平気の平左となってしまいます。

一心、岩をも通す

こうして、この常軌《じょうき》を逸した集中力が、彼をして、美女を手中に収めさせるのです。まさに一心岩をも通すであります。

このように、自尊心などは初めからなければ、それは傷つきようもない、ということになります。

まあこの例などは、それは単に「厚顔無恥《こうがんむち》なだけ」のことではないか、ともいわれそうですが、それにしても、そこには欲するものへの心の集中と、それによる他の邪心の空じがあることも疑いないのです。

すなわち、「空観《くうがん》」というものは、いずれの場合にしろ、それは自然に達し得る心の境地ではなく、それには何らかの心内の葛藤《かっとう》を自力で乗り越えた上でないと、得られない境涯でもあります。

ここで次の引用文を読んでみてください。

江戸時代、曹洞宗《そうとう》に「乞食桃水《こじきとうすい》」で有名な雪渓桃水《せっけいとうすい》（禅林の高僧でありながら河原乞食となる。年老いては、草鞋や酢を売り、散聖《ちりひじり》と呼ばれた）にこういう話があります。

桃水《とうすい》の姿を大津で見かけた人がありました。この人の伝えるところによると、破衣《はい》縄帯《じょうたい》の姿でした。大津の宿場で馬の沓《くつ》や草鞋《ぞうり》を作っていたときのことです。ある老人が彼と親しかった。老人はこの乞食坊主を深く憐《あわ》れみ、阿弥陀如来《あみだにょらい》の画像一幅を与えました。そして、

「お前さんも、業《ごう》が深いのう、これを毎日拝んで、後生《ごしょう》を願いなさるがよい」

といいました。後生《ごしょう》とは、来世《らいせ》の安楽な生活のことです。桃水《とうすい》は相手がくれるというので一応、

「それはかたじけない」

といって、これを自分の陋屋《ろうおく》の壁に懸けました。ある日、老人が桃水の小屋に来て

みますと、その阿弥陀如来《あみだにょらい》の大津絵に達筆で賛が書き込んでありました。

せまけれど、宿を貸すぞえ

阿弥陀どの後生《ごしょう》たのむとおぼしめすなよ

これを見て、老人は桃水《とうすい》が自分とははるかに違う境界にいることを知らされました。

(『禅問答に強くなる本』原田弘道著・エール出版社)

乞食というものは、社会人としての自尊心を持っていてはできない行為です。また、それは自己重要感を空ずる他に、他の本能的衝動まで、極端に制限する必要にも迫られることも考えられます。空腹にも耐え、暑さ寒さにも慣れるしかない、というように生存本能さえもうまく充足できないのです。

また、世人からの憐《あわ》れみや、蔑視《べっし》に対しては、なまはんかなプライドが残っていたらとうてい耐えられるものではないでしょう。

ところで前記引用文で、私の興味を非常にそそったのは、一見、すべてを捨て切り、悟り切った境涯に安住しているように見えた桃水《とうすい》にも、自己重要感を充足させよう、という自己コントロールの行為がうかがえることです。

すなわち、老人からもらった阿弥陀如来《あみだにょらい》の絵に書いた賛は、やはり自賛を示しているのです。つまり、

「あなたには、ここの宿を貸してあげているのであって、私はあなたには何も頼んではいないのだよ」といっているのは、法句経《ほっくきょう》にある「自処《じしょ》をよりどころ」とし、他の何ものも頼まないという自分の心意気をそこに示したものと思えるのです。

このようにして彼は、かつて釈迦《しゃか》が言ったといわれる「天上天下唯我独尊《てんじょうてんげゆいがどくそん》」と同じ自画自賛（この場合は他画自賛ですが）を行なっていると考えられます。

すなわち、この世には、大悟徹底《たいごてってい》ということは、いかなる名僧智識といえどもあり得ないのであって、日々日常、このように自己コントロールを油断なく続けることによって、世の人から悟った人と見られるような覚者が生まれるのでありましょう。

そして、その時、一切を空じ、一切を超越し、「空観《くうがん》の境地に達し得た」と初めてその人は呼ばれるのだと思います。

情欲の表現

次に、人間の性欲のことですが、

「情欲は、むき出しの形で表現すべきではない」という点について強調したいと思います。

というのは、性的欲望をもろに相手にぶつければ、下品であり、それで嫌われるということもありますが、それよりも、これは直接的な求愛法であり過ぎ、この求愛の「求」がすなわち、この書で説く「魅《み》は求《ぐ》によって滅《めっ》す」の箇条に適合してしまうからであります。

すなわち、魅力を発揮するにはまず「与《よ》」の形をもって相手に「性的感情」を抱いていることを、やんわりと示さなければならないのです。

そのためには、相手に対する肉欲を我慢し、隠しておくのではなくて、まずいったん空ずることが必要なのです。

この性欲が空じられたとしても、そのエネルギーは決して消滅してしまうものではありません。すなわち、性エネルギーは他の生命エネルギーへと転換されるのです。

他の四つの本能的衝動へ、それが振り向けられるのであります。

例えば、男は女の愛を得たいと思えば、彼女の歓心を買うために高価な贈り物をします。すると彼は、その資金を得るために、働き、お金を貯めるのです。

これは、性エネルギーが、物質やお金を得る本能的衝動すなわち生存本能の生命エネルギーに変化したものと考えられます。

また同じように、女を口説くにも有効な方法や秘訣などというものがあり、それについての情報を手に入れようとするのは、五番目の本能的衝動「好奇心」です。

また、名声ある男に女性はあこがれる傾向がありますから、まず自分についての良き評判を得ようとするのは、自己重要感の部類に入ってくるわけです。

すなわち、簡単にいえば、性エネルギーをいったん空ずるとは、性欲以外の他の四つの本能的衝動へと、その力を振り替えてみるということです。そして、自分のその四つのいずれかを十分に充足します。

こうして、自分のそれが満ち足りたら、今度は、それを女性に対してサービスするのです。つまり「与《よ》」です。

それは、あるいはお金であり、あるいはお世辞であり、あるいは興味ある会話であるかも知れません。いずれにしろ、彼女の本能的衝動のいずれかがあなたによって充足されるならば、彼女はその代償として、あなたの性的欲望に対して何らかのお礼を支払うことになります。

西洋に、

「あなた自身を豊かにせよ」

という格言がありますが、この豊かというのは、物質的にも精神的にもの意味であり、そして、豊かになったものを人に与えて、あなたの欲するものを手に入れようとするのは、いわば売買の法則、商取引にも似たようなものなのです。

もっと卑俗的に言いましょうか。

「無料では、ものは買えない」

のです。そして、支払いなしに何かを求めようとする人間こそ、最も魅力のない人間、つまり、嫌われるタイプとなるのであります。

二、生気が内外から満ちる

陽気さこそすべての源泉

「金離れの良い人」は魅力のある人であり、「ケチな人」は嫌われる、という非常に単純にして明快な真理がここにあります。

これはつまり、金を与えることによって、良き評判を買い取っていることになります。

ところが、これと同じ意味で、人々の自己重要感を高めてあげてやり、その代償としてお金、すなわち富を受け取る、というのも「支払いをして、欲するものを買った」ということになるのです。

そして、この点こそ、世の中のほとんどの人が気づいていない、いわば盲点なのです。

私たちは、他人に対し、

「形あるもの（お金など）を支払って、形あるもの（物）を入手する」し、

「形ないもの（笑顔、愛など）を支払って形あるもの（お金、物）を入手する」こ

支払うもの	手に入るもの
有形（お金など）	有形（物など）
有形（物など）	無形（愛など）
無形（愛など）	有形（お金など）
無形（思いやりなど）	無形（愛など）

ともできるのであります。

そして、この支払いが、たっぷりとなされればなされるほど、それに比例して、あなたの魅力度は上がり、そして欲するものの入手可能性は高まるのであります。

上の表をご覧ください。

私たちは、支払うものが有形のものであるにしろ、無形のものであるにしろ、とにかく支払いをすることによって、有形無形を問わず、右欄のような欲するものを手に入れているのです。

ですから、「やらずぶったくり」の精神こそ、自分の魅力を最も強烈に損なうものであることが、これで皆さんにはよくよく理解できたことと思います。

しかし、繰り返しますが、与えるためには、まず自分が豊かでなければ、それはできない相談です。

精神的にも物質的にも豊かであるためには、生命力が横溢していなければなりません。すなわち丈夫で、若々しく、気力に満ちており、人々に対し「陽気」を与えるものでなければばならないのです。

ここに「陽気」ということばが出てきました。実は、これは自然に人間に備わるものではなく、かなり人為的に、「自分に動機づけ」しないと、なかなか得られるものではないことに、多くの人は気づいていないのです。

それはつまり、努力の結果得られる一種の雰囲気ともいうべきもので、実にこの陽気さこそ、すべての成功のためには欠かすことのできない生命力の源泉なのです。

歴史上において、終わりをまっとうした成功者のほとんどに共通するものは、この「陽気さ」にあります。

秀吉などは敵の襲撃を受けながら、墨股《すのまた》城を短期間で完成させたことは有名な話ですが、敵の重囲の中にあっても「人の気が沈めば、戦《いく》さはしまいだ」と絶えず笑い声を立てて守備隊と作業隊を励ましたといわれるほど、天性の陽気を身につけていました。

本田宗一郎もしょげている顔を見せるのは、将棋やゴルフで負けたときぐらいで、少なくとも会社でしょげている顔など見せたことがないほど、常に陽気さを失わない人だったそうです。

おもしろいエピソードを一つあげると、本田宗一郎と高松宮様が一緒にゴルフをしたとき、本田がグリーン上でパットをする段になって、なぜかカップに近づいたそうです。

本田はしゃがんでカップの縁を撫《な》で始め、「おかあちゃん、もう浮気はしないから入れさせて」とお得意のジョークをとばしたそうです。

これには高松宮様も思わず失笑をおもらしになった。本田は「お兄様も、浮気なんて言葉がおわかりになるの。やっぱりわかるんだよねえ」と魅力的な顔で笑ったという話があります。

いずれにせよ、私たちの周囲を見まわしても、物質的な意味において成功した人々のほとんどは、この陽気さが身についていることに気がつきます。

しかしこの陽気さも、自らを自らがコントロールし、自分にそれを動機づけること

〈陽気さを身につける法〉

①笑顔　②挨拶　③話しかけ

によって、初めて得られてくるものであることに、私たちは深い注意を払わなくてはなりません。

陽気さを身につける法

では、この陽気さを自分の身につけるには、どうしたらよいのでしょうか？

その秘訣は、そんなに難しいことではありません。抽象的にいえば「積極的になれ」ということですが、これではどうやって積極的を表現していいかわからないむきもありましょう。これを具体的にいえば、次の三つの行動を起こすことによって得られるものなのです。

①笑顔

②あいさつ

③話しかけ

名画モナリザの微笑については、ほとんどの人が知っているでしょう。

あの女性のあるかなきかの微笑を「アルカイック・スマイル」というのだそうですけれども、あの微かな謎めいたほほえみこそ、人蕩しの心髄だと言っても良いのではないでしょうか。

また秀吉の滴《したた》るような笑顔と可愛気は、竹中半兵衛、黒田官兵衛などの優れた人材を味方につけ、敵の大将さえも蕩《とろ》かすほどの力をもっていました。

いずれにしても、笑いの表情は相手の心を安心させる第一歩です。人と会談するのに、互いの友情を確かめあうには笑顔が大切なことは言うまでもありません。

無声映画時代に、ダグラス・フェアバンクスという活劇のスターがおりましたが、この人のことばに、

「朝十時まで、笑顔を自分の顔にとどめておければ、それは一日中継続できる」という名言があります。

まず、鏡を見て、微笑を浮かべる練習をしてみてください。その次に、その微笑を人前に出たら無理やりにでも、自分の顔に浮かべてみるのです。

初めはぎこちなく、正直いってかなりしんどいことでしょう。しかし、これを習慣としていると、やがて平気になってきて、それが身についてきて、人相学でいうところの「表情相」というものになってくるのです。

次は、だれにでも、こちらから気軽にあいさつの言葉をかけるのです。相手がブスッとしていようが、怖そうな重役タイプであろうが、見高《けんだか》くすました美女であろうが、

「こんにちは」

「よいお天気ですね」

といったように、こっちの方から軽い調子であいさつするのです。

第三は「話しかけ」です。

だれしも、初めての人とは話のきっかけを作ろうとして、何となく気づまりを覚えるものですが、こんな時、べつに返事しなくてもよいような言葉を用意しておいて、気軽に話しかけるのです。

この時、大切なことは、話題は肯定的な内容にすることで、気分が快く、人生を明るくするようなことを、つとめて選ぶことです。

「春ですねえ。もう梅が三分咲きですね」
「今年の夏は暑いから、海水浴はもうかるでしょうね」
「日中は暑いですが、さすがに朝夕は涼しいですな」
「昨日、富士山に初雪が降ったそうですよ」

などと、要するにあたりさわりのない話題で、会話の糸口がほぐれるように、こちらから話しかけるのです。

しかし、ここで厳にいましめなければならぬことは、「調子にのって話し過ぎないこと」です。

しばしばある人々は、会話がうまく流れ始めると、自分の方ばかりがしゃべり過ぎてしまうものですが、これでは相手に対し、

「聴いてくれること」を求めている」ことになってしまうことに気づいてほしいのです。

すなわち「求めれば、魅力は減してしまう」原理がここにも働いているのであります。会話がうまく流れ始めたら、相手の話に、真剣な興味をもって聞き入るということも非常に大切なことになってきます。

これはなぜならば、相手の話に聞き入るという行為によって、相手の意見を尊重し、ひいては、相手の自己重要感を高めることになるからです。

愛の言葉

「どこかへ出かけたくない？」男性が彼女にこう声をかけました。

「べつに」そっけなく彼女は答えました。

これでは、誘いかけたほうとしては、それ以上なんとも言いようがなくて困ってしまいます。

「べつに」というのは、どういう意味なんでしょうか。

「べつに関心も関係もないね」という冷淡な表現のように思えます。相手の感情を無視した、拒絶の返事です。こういう表現を、素っ気ないと言います。

返事の仕方に、

「ああ」「はあ」「へえー」「ふーん」などというのがありますが、これも良くありません。「はい」は良いのですが、「はい、はい」という重ね言葉はよろしくない。とかく重ね言葉には誠意が感じられないものです。

応答の言葉は、つねにわれわれは使いますから、気をつけないといけません。応答の言葉が悪くなったときに、無愛想だと言います。愛想という言葉をちょっと考えてください。愛の想いです。無愛想になるのは、愛の思いに欠けているからなのです。

仏教では「布施《ふせ》に七施《ななせ》あり」と言いますが、その中には、もちろんおカネを与える布施も入っています。

これは財産を与えるから「財施《ざいせ》」と言いますが、そのほかの六つは、おカネをやらないお布施です。そのうちの一つ、「愛語施《あいごせ》」は、早く言えばお世辞です。

最初は歯の浮くようなお世辞からでもいいんです。見え透いたお世辞から練習を始めましょう。

秀吉もほめ上手で、人をほめるにあたってはなりふりかまわずに大声でほめる。その声の調子はとびきりの陽気さで、この陽気さが、戦場にいる部下たちの士気を元気づけ、勇気づけたといわれています。

そして逆に見え透いたようなお世辞を言われても、この人は腹黒い人だとか、薄っぺらな人だとか思わないで、愛語を与えてくれたのだ、と感謝しましょう。ただ与え方が下手なだけなのだと思って、うれしがるべきです。

さて話を前に戻して、この①笑顔、②あいさつ、③話しかけ、この三つの行為を常に、こちら側のサイドから起こすようにしていれば、自分の生命エネルギーを増大させる「陽気」というものを必ず身につけることができるのです。

ぜひ、これらの実践を、今すぐから始められるよう、心からお勧めするしだいです。

この三つの方法を行なうことによって、以前は全然、女性にもてなかったマザーコンプレックスの消極的な男性が、積極的かつ社交的な男に変貌し、ついに素晴らしい女性を射止めたという例もあります。

このように一見平凡と思われるようなこの三つの方法には、魔法のような力があるのです。

であるがごとく

要するに、この陽気さを身につける方法は、仏教でいうところの「身《しん》・口《く》・意《い》」の三業をコントロールすることで、具体的にいえば、

「であるがごとくふるまい」
「であるがごとく語り」
「であるがごとく思う」

ということにつきます。この場合の「であるがごとく」というのは、「良いこと」「利益あること」「幸せなこと」「成功すること」などの、すべてプラスであることを身をもって表現することです。

もう一つの方法は、自意識の中にある「衝動」としての部分を「ゼロ化」していく方法です。

これは「空《くう》」あるいは「無」の哲学として、すでに述べたところです。「空」は仏教的立場から、「無」は老荘などの中国古典の思想的立場から述べられました。

この「空・無」の問題を、人間の「本能と衝動」をもとにした現代心理学的な立場から解明してみたいと思うのです。

思うに、「空・無」すなわち「心内をゼロ化する」という自意識操作行為は、簡単にいえば「思考状態の内から情動的部分を取り去る」ということではないでしょうか。

例えば、最古の仏教経典といわれる法句経《ほっくきょう》の中には、

「愛するものに会ってはいけない。また、憎むものに会ってもいけない」

という教えがあります。これなどは、一般人にとっては、なかなか理解しがたいところでありましょう。

私なども、よく質問を受けるのも、この文章のところです。

「憎んではいけない、ということはわかります。でもなぜ、人を愛してはいけないのですか。キリスト経では、人を愛せよというではありませんか。また、愛とは、ふつうは良いこととされております」

まあ、ざっと、こういったような質問を浴びせられるわけです。

これについては、仏教思想は、次のように説明します。

「あらゆることの発生は、相対する反対物の存在があって、はじめて可能になる。例えば、闇がなければ、光の存在はありえないように。また、病いがなければ健康がないように。また、死がなければ生もありえないように。

ゆえに、愛の情のあるところ、影がかたちにそうがごとく、必ずそこには憎しみの情が生ぜざるをえない」と。

そこで、ここで求められているのは「空無」すなわち「心のゼロ化」でありますから、心内の波立ちを静めるためには、「善の思い」も「悪の思い」もともに空ぜざるをえないということになるのです。

老子はこの点について、

「大道に合すれば、哀楽の情の入るところなし」

という言葉を述べております。

この「哀楽の情」というのが、現代的にいうならば、心の内に自然的に発生してくる「衝動」ということになりましょう。

「衝動」とは、内部から人間感情がつき動かされ、肉体的行為にまで波及するある力です。簡単にいえば、悲しめば涙が出るし、楽しければ笑うというように。

そして、この涙や笑いは、あたかも湖の湖面に生じたさざ波のように、静寂の状態にあるものではありません。湖面が絶対的な沈黙のうちに静まり返っているとき、心はすなわち「ゼロ」の状態にあるのです。

禅の世界では、よく「無念無想」ということをいいますが、これは何も考えないということではありません。

また、人間の頭脳は活動している限り、無思考という意識状態があるなどということは考えられません。この無念無想とは、要するに「情動」の動きがない、という意味に解すれば、わかりやすくなります。

この点については、仏教や中国古典などの東洋思想だけではなく、西洋にも同じようなことをいった人物がおります。

例えば、イギリスの警句家として知られるチェスターフィールド卿は、「衝動は人に快と苦を与える」といっております。

結論として私がここでいいたいことは、人は「心の平和」を得たとき、はじめてそこに陽気の発動を迎えるに至る、ということなのです。

そして、この「心の平和」とは「人間の衝動的感情の沈黙した状態」をいうのだ、ということなのです。

気づかざる求《ぐ》

本書で説く、魅力を左右する「与《よ》」と「求《ぐ》」についての原理そのものは、はなはだ単純なものです。

しかしいざ、この原理を自分の生活に取り入れようとすると、これが至難の技を必要とするのであります。

これはなぜかといいますと、「求《ぐ》」というものの正体がまことに複雑怪奇であって、一般的に、これを行なっている人は、自分のその「求《ぐ》」に気づきにくい、という点があるからです。

S社長は、誠実で親切な人柄であるのに、しばしば彼を敬遠する人々が多いのですが、その原因は次のような点にあります。

それは、S社長は「自分のことについてばかり話したがる」ということです。

そしてその話の内容たるや、自分の会社のこと、取引先とのトラブル、ゴルフのこと、要するに自分についてのことばかりです。

それらの話題を息つくひまもなく二十分もしゃべりまくり、さて、今度、相手が口をきき始めると、その間に、すかさずタバコを口にくわえ、火を点ずると、フウと横を向いて煙を吹き出してから、いかにも興味なさそうに、ぼんやりとした目つきになってしまいます。

これは、自分がしゃべることに精力を使い過ぎたため疲れてしまい、相手の話す間だけ、ひと休みとってやろうという魂胆《こんたん》にさえ思えるほどです。

では、これがなぜ「求《ぐ》」となるかといえばそれは、S社長は相手に、「聴いてもらうことを求めている」からで、そして、相手の「求め」には応じていないからです。つまり、相手の話すチャンスは少なくし、しかもそれに対し、良い聴き役たらんと相つとめてはいないのです。

前にも述べたとおり、話すというのは「自己表現」の機会であり、そして、その行為を通じて私たちは自己重要感の充足をはかろうとするのです。

しかしこれを常に、そして直接的に、他人に対し求め続けると、相手の群居衝動をスポイルすることになります。

こうしてS社長は孤立し、親切で良い人柄なのに、意外に彼から離れてしまう人が多いということになってしまうのです。

こういうタイプの人は、自分と他人との会話をテープにとっておき、あとでもう一度聞き返してみるとよいと思います。

そして、まずやることは、話す時間の長さについて、自分と他人とのトータルを比べてみるのです。もし、自分の話が圧倒的に長く、相手があいづちばかり、話のあい間にうっているようだと、これは危険信号であります。

しかし、もしこれを、例えば前記のS社長がやったとしたら、もう会話中で「話し過ぎ」の「求《ぐ》」をやることがないでしょう。なぜならば、もうその時点において「気づき」があるからです。そして、その「求《ぐ》」を行なわないよう注意を払うからです。

でも、それはそれで良いと思います。いずれにしろそれは自己コントロールであり、問題は、直接的な「求」の行為を少なくするところにあるのですから、いずれにせよ、その目的は達せられたことになります。

そういえば、尾張海東《かいとう》郡蜂須賀《はちすか》村の蜂須賀《はちすか》小六の屋敷で一時小者《こもの》奉公をしていた、十五歳の秀吉の「武家奉公をしたい」という願いを小六は本気で聞いてあげました。

この蜂須賀小六の親切な人徳が秀吉を感激させ、のち秀吉に招かれてその配下のもっとも有力な一人になり、ついには阿波《あわ》蜂須賀家二十五万余石をおこすもとになったといわれています。

それほど傾聴というものは、相手の自己重要感を高めるものなのです。

ところで、誤解のないよう繰り返し申し上げますが、私は、自己表現欲そのものを捨てろ、とは決していっているのではないのです。

それどころか、自己を表現し、自己重要感を高めることは、人間が生きるという所業を持続するには、最も大切なことであるのです。

ただ、その方法がへたくそだったら大変な損害を生じますよ、といっているのです。それで、その欲望（それは性欲や群居衝動も伴っている）を表現する際には、むくつけき、また粗野な方法によってではなく、十分に配慮されたもとで行なわれねばならなくなるのです。

これをあえてことばで言い表わせば、

「**欲望は求**《ぐ》**をもって外に露**《あらわ》**すことなく、願**《がん》**をもって内に温**《あたた》**むべし**」ということになりましょうか？

結局のところは、求《ぐ》というも願《がん》というも、自分の本能的衝動の充足をはかる点においては変わりありません。

しかし、願《がん》の方法には、無理やりという感じがないのです。願《がん》をかけ、その願いを常にイメージとして抱き続けておりますと、前述したように、人間の心下意識アラヤが、それを受け入れ、やがてその望みをかなえてくれるのであります。

勿体《もったい》とは？

人に気をもたせたり、勿体《もったい》ぶったりする人がいます。

何かやってあげましょう、と申し出て、相手が「では、お願いしましょうか？」というと途端に何かの理由をつけて、しぶる人がいます。

「勿体《もったい》ぶる」、これを辞書で引くと「重々しくふるまう、ものものしく構えて気取る」と書いてありました。

では、この「勿体《もったい》」とは何なのでしょうか？　勿体《もったい》はこの他に「勿体《もったい》ない」とか「勿体《もったい》をつける」とかいいますが、この勿体《もったい》の正体をご存知でしょうか？

「勿」はモチ、またはブツと発音し、本来は否定的助詞に使われ「勿論《もちろん》」はモチロンで、「論ずるまでもなく」の意味ですが、この勿体《もったい》については、どうもいろいろな辞書を見ても、その出典がのっておりません。

しかし、その意味は「仏体」つまり「仏像」のことを現わしているようです。これは察するところ、「仏、ブツ」が「勿、ブツ」の方にあて字として用いられたものが俗化したのではないかとも思われます。

余談に流れましたが、要するに仏像の威儀《いぎ》を真似て、自己を重々しく見せようとするのが「勿体《もったい》ぶる」ですから、これは当然、自己重要感を高めようとしていることになります。

すなわち、これも「求《ぐ》」の態度であり、他人の自己重要感や群居衝動を損なう大きな原因となるのであります。

いずれにせよ、前記のS社長の場合の「自分のことばかり話し過ぎる」のも、またこの例のように勿体《もったい》ぶるのも要するに、自分の内に存在する劣等感、あるいはその劣等感が生ずるのではないかという恐怖心に悩まされている状態である、ということができるのです。

そして、この悩みあるかぎり、その人から性的魅力をはじめとする数々の人間的魅力は確実に失われてしまうのであります。

こちらの都合、あちらの都合

昔、実用新案の申請の中に、次のような珍妙なものがあったそうです。

下駄の前歯の方が短くて、後の方が長くなっているのです。そして、この申請書に記されたこの品物の名前がおもしろい。

「坂道を登るに都合よろしき下駄」

というのです。

なるほど、この下駄だったら、坂道を登るには都合よろしいでしょう。

しかし、坂道を降りる時にはどうなるのでしょうか？　降り道で、前歯が短く、後歯が長い下駄だったら、これははなはだ都合よろしくない下駄になってしまうことでしょう。

ではここで、坂道を降りるに都合よろしく、前歯と後歯の長さを逆にしたとすれば、これまた道が登りになった時は難渋しなければなりません。

やはり下駄の歯は平らかで、登り降りには、自分の足の力をよろしくあんばいして、坂道の都合へ、こちらの配慮を合わせるしか方法はないようです。

しかし、私たちの日常を見わたすと、案外に、この笑い話をバカにはできない、同じような行為を繰り返している人が多いのです。

というのは、

「人の都合のことは考えず、自分の都合に他人を合わせよう」と常に望んでいる人がかなり多いということです。

これは本書でいうところの「求《ぐ》」のあり方の最も強烈なるものです。すなわち、これらの人々は、気づかずして、人に対して常に「求《ぐ》」を行なっているのであります。

例えば、講座や研修会などで、定められた時間よりはるかに早く到着してしまう人は、その時間の三十分以上も常に遅刻する人と同じように、相手の都合に自分をうまく適合し得ないでいる人なのです。

早過ぎるのも、遅過ぎるのも、前記の話でいえば、下駄の前歯と後歯が平らかではないのです。

また例えば、ある人に自分の都合で急に会いたくなったとします。この時、まず相手の都合、スケジュールなどについて尋ねて、そのうえで、自分の都合を相手に合わそうと計るならよいのです。

ところが、

「今日あいておりませんか？」とか、

「一刻も早くお会いしたいのです。なんとかしてくださいませんか？」などと、自分の欲することばかり求めて、相手の都合をまげて、自分の方へ合わそうとする人がおります。

こういう人は、相手の自己重要感をまず押し下げていることに、少しも気づいておりません。

相手の都合について考慮しないということは、相手を尊重していないことであり、また敬意も持っていないという証明になってしまいます。

「いや、それは私の本意ではない」などと言ってもだめなのです。自分の都合ばかりを考えて、相手の都合について配慮しなければ、自分を相手より優位の立場においているという表現になってしまうからです。

こうして、この人は他人の自己重要感を低下させ、同時に相手の群居衝動も傷つけてしまいます。そして周囲の人々はこの人をしだいに敬遠するようになるのです。

これが、「魅力を失う」という行程の正体なのであります。

性的魅力の根元

ではこの章のまとめとして、結局「性的魅力」の根元は、どこにあるのか、ということについて言及してみたいと思います。

性的魅力とは、ひと言にしていえば、性エネルギーの発するバイブレーション（振動波）の波及力であり、その性エネルギーとはまた生命エネルギーそのものである、ということになります。

ゆえに、その根元は「陽気」にこそあり、その陽気とはことばを代えていえば、

「生気《しょうき》」です。そして、この生気が内から外に満ちあふれた時、性的魅力を発揮すべき条件は整ったのだ、ということができましょう。

しかし、ここで私が示唆したいことは、「人間の持つ魅力というものは、二つに分けて考えてみるべきではないか」という考え方なのです。

これはつまりこういうことです。

「ただ黙って、見られてだけいる場合のその人の魅力」と「何かしゃべっている場合のその人の魅力」の二つの場合がある、と思うのです。

換言すれば、そこに会話の存在しない場合と会話の存在する場合の二つがある、ということです。

世の多くの人は、魅力について、それをあまりに視覚的にのみとらえているように感じられます。

人間における魅力の実体とは、そういうものではありません。黙って遠くから眺めていた時、美しいと思っていた女性も、近くで口をきいた途端がっかりすることが多いように、人間関係における魅力は、それは生きた人間、動いている人間、つまりはことばを用いている人間によって発現されている瞬間のものでなければならないと、私は思うのです。

ことばを用いるというのは、互いの間に感情の交流が生ずるということです。そして、魅力はまさにこの「感情交流」による影響を圧倒的にこうむって後、発揮されるものなのです。

生気《しょうき》に満ちあふれているということは、本書でいう「五つの本能的衝動」がよく充足されているという意味であります。

そして、この自分の充足がよく行なわれていると、他人のそれらの充足についても手を貸してあげることができる、すると他人はあなたに対して、そのお礼として、他の充足について手を貸し返してくれるのです。

このようにして、生き生きとしたあなたは、他人に与え、そして与え返され、さらにあなたの充実度は増していくのであります。

そして、この「与え」と「与え返され」が行なわれる媒体とは、ことばによる「感情交流」です。すなわち、人間関係における魅力とは、ことばによって交わされる感情のパイプラインの上に発現されるのが、そのほとんどであるといっても決して言い過ぎではないのであります。

性的魅力もその一つのケースであることに違いはありません。

私たちは、他人に対し、友愛を与えて群居衝動を充足させ、相手を尊重して自己重要感を高めてやるなどの、他の四つの本能的衝動を満たしてやることに助力を「与える」ならば、そこに性的魅力も発揮されるという「与え返され」の自己充足現象も起こり得るのであります。

そして、この「与え」と「与え返され」はもっぱら、ことばを用いて行なわれることは、決して忘れてはならないことなのです。

ではここで、デール・カーネギーの次のことばを載せておきましょう。

「お世辞が上手に言えるようになるまでは、決して結婚してはならない。独身の間は、女性をほめようとほめまいと自由だが、いったん結婚したとなると、相手をほめることが必須条件となる。これは、自己の安全のためにも不可欠である。率直なものの言

い方は禁物だ。結婚生活は、外交の場である」（デール・カーネギー著『人を動かす』創元社刊）

第九章　遊戯三昧《ゆげざんまい》の心境（好奇心）

【人蕩《ひとたら》しの要諦五】

一、好奇心を失うな

好奇心が強いとは

五番目の本能的衝動「好奇心」について、この章の冒頭に、まず次の警句を引用したいと思います。

人生は精一杯生きるようにできている。だから好奇心をいつでも生き生きとさせておかなければならない。どんな理由があるにせよ、けっして人生に背を向けてはならない。

エリノア・ルーズベルト（アメリカ大統領夫人）

第一の本能「自己生存本能」においては、外部より、食物を自分の内部へ取り入れることによって、その充足が計られます。

これと同じように、第五の本能「好奇心」では、外部より、情報が自分の内部へ取り入れられるのです。

そして、この食物も情報も、生命活動を維持するためには必要不可欠のものなのです。

例えば、年老いて、消化機能が衰えてくると、同時に、この好奇心が薄れてきて、外部からの刺激に段々反応しなくなります。そして、それが亢進すると、いわゆる「恍惚《こうこつ》の人」となるのです。

ですから、好奇心の強さは、生命力の強さを示し、それはまた若さの象徴でもあります。幼児を見ればそれがよくわかります。

彼等は何にでも興味を持ち、疑問を発し、大人たちに質問します。この時、幼児はその肌のつやとともに、その表情はいかに生き生きと輝いているかについて思い出してください。

好奇心の強い人は、自然に知識も豊かになり、また特異な事柄に興味を示す人は特に珍しい、あまり人の知らないことを知っているものです。

そしてその珍しい話題は、他の人を魅了することが多いものです。すなわち、他人の好奇心を充足させることができる人ですから、それは「与《よ》」の人であり、当然、魅力ある人物ということになります。

ただし、他人がその情報を求めていない時に、なおそれを察することができず、しゃべりまくるならば、それは自己重要感の章でも述べたように、逆効果となって、人に嫌われてしまいかねないことに注意しなければなりませんが……。

また知識はあるが、自己重要感が自らの内で十分に充足し得ていない人は、とかく、その知識を他人にひけらかしがちになり、これまた、自分の魅力を喪失する一因ともなりかねません。

ですから、他人に情報を与えるには、その人がそれを欲している状態に応じて与えるという配慮がなされなければならないのです。

すなわち、相手が「好奇心」を起こしている場合において、それを「与える」のが最善であり、これによって、あなたの魅力は倍増するのです。

この反対に、あなたが相手の話に好奇心を抱き、そこから得る新しい情報に耳を傾けるならば、これまた、相手に対して、あなたの魅力は倍増するでありましょう。

それは、あなたが相手の話に関心を示したことによって、その人の自己重要感を高めてあげたことになるからなのです。

話し手は、聞き手を得られたことによって「ああ自分の話、自分の知識には、何か価値があるんだなあ」と感ずることによって大きな喜びを覚え、そして、その喜びを与えてくれたあなたに対して、好意的になるのです。

これは我慢をして、相手の話を聞くのではありません。自分の好奇心をふるい起こして、相手の話に誠実な関心を寄せるのです。

ここで記憶してほしいのは次のことばです。

「もし、あなたが相手に対し関心を抱かなければ、相手もあなたに対し関心を抱くことはないでしょう」

秘密は好奇心に相対する

繰り返しますが、好奇心が強いということは若さの証明でもあります。年をとっても、好奇心をもって、何にでも興味を示し、年甲斐もなくなどと笑われることを気にせず、次々に何にでも挑戦する人は生き生きとして、老け込みません。年齢よりもずっと若く見える人はこういう人です。

これに反して、好奇心の薄れてしまった人は、一気に老化が進みます。何かに興味の持てなくなった人は、感動も求めません。それで表情はにぶく、動きの少ないものになっていきます。

こういうタイプの人は、心の老化が肉体にまで波及したのです。そしてまた、こういう人は免疫力まで衰えてくるため、ガンなどにもかかりやすくなるので、このことについては、よくよく考えてみなければなりません。

要するに好奇心の衰えとは、意識がマイナスへ傾いたことであり、それは即、生命力の衰えでもあるのです。

そして、逆に好奇心の強さは、生命エネルギーの量の多さを示すバロメーターともいえましょう。

ところで、この好奇心の求めるものは情報なのですが、その情報がまだ相手方にあるうちは、こちらの好奇心にとっては、まだ謎であり、またそれは相手方の「秘密」、魅せられたる状態です。

つまり、好奇心と秘密は相対した敵対関係にあるものといえるのです。

好奇心は秘密に「なぜ?」あるいは「なに?」と尋ねます。そして、秘密はその扉を開け「こうなのだ」と答えます。すると、好奇心はその時満足し、そして次の点が非常に重要なのですが、この時に、好奇心という意欲そのものが解消してしまうのです。

もう少しわかりやすくいいますと、好奇心はその秘密が明かされた瞬間、それに対する興味を失ってしまうのです。つまり、手品はタネがわからないうちは、まるで魔術のようですが、そのタネが明かされると、にわかにそれが色あせてしまうのと同じことです。

「興味が薄れる」あるいは「色あせてしまう」とは、まさに「魅力がなくなる」ということと同義ではありませんか。

銀座の松屋デパートの広告に次のような言葉が出ていたのを読み、私はなるほどと感心したことがあります。

「知らないものには引力がある。未知のものには、人を動かす力があります」

これはまさに至言です。未知のものに魅かれた時、その正体がわかるまでのサスペンスは、私たちをわくわくさせるものです。

そこで、ずばりと申しあげましょう。

「秘密のある人には、魅力があります」

何か奥底の知れない人には、人の興味を引く雰囲気があるものです。

これに反して、あけすけな人は、好人物であるかもしれませんが、あまり魅力的とはいえません。

好奇心が秘密によって増大するように、性欲もそうです。男の気持ちを捕らえて離さないのは、女の秘められた妖《あや》しい部分であり、またその雰囲気なのです。

秘することを知らない女は、男性に体を与えると、じきに飽《あ》きられてしまいます。だから性の秘密も常に薄いベールで包んでおかないと、妖しい魅力が失せてしまうのです。

昔はやった流行歌に『知りすぎたのね』という歌がありました。これは、自分のすべてを男に与え、その男に飽きられてしまった愚《おろ》かな女の嘆きを歌ったものでした。

これなどは、男女の機微《きび》の真髄を突いているものだと思います。

ここらへんの消息は、ふつうの人も案外とよく知っているもので、日常会話の中でも、「どちらへおいでですか？」などと問われると、

「ええ、ちょっとそこまで」

などと答えたりします。これは行く先を隠していることですが、問うた方も、

「ああ、そうですか」

などと、わかったような応じ方をするものです。これは厳密にいえば、相手の秘密を尊重しているともいえましょう。

しかし、これが別に隠す必要のないこと、例えば、スーパー・マーケットへ買い物に行くことでも隠したり、あるいは隣の主婦と立ち話をしているところを見かけた人が、「今のはどなた？」と尋ねたのに対して、

「ええ、ちょっとした知り合いです」

と答えたりすると、これは少々いき過ぎです。

例えば、その隣家の主婦が派手好きな美人だった場合、男性が前記のような質問を

受け、「ちょっとした知り合いです」と答えたならば、ここには秘密にした作為があります。それは聞き手に何かの期待を抱かせるかもしれないという無意識の計算があるように思えます。

しかし、これは本当の意味での「秘する」という行為ではありません。それは「秘密があるふりをしている」に過ぎません。それだけにそれがばれて、ただ単に、買い物だったり、隣家の主婦だったりすることがわかって、「なあんだ」と拍子《ひょうし》抜けした相手は、その「ふりをした人」を少々軽蔑するでしょう。そして、秘密があるふりをした人は、その時一つ魅力を失うのです。

「与えぬ」とは与えること

さあそこで、この「秘する」という言葉の意味について考察せねばなりません。

秘していることの多さは、相手のその人に対する魅力の強さと正比例するといっても過言ではありません。すなわち、知られていない部分が多くなれば、あなたに対する相手の好奇心も増大し、そしてそれは魅力の増大でもあるのです。

ところで、ここにおいて、この人蕩《ひとたら》し術《じゅつ》のテクニックについての説明が大きな矛盾を露呈していることに注目してください。

繰り返し申しあげますが、私は「魅《み》は与《よ》によって生じ、求《ぐ》によって滅す」と説いてきました。それが、今ここでまさに正反対のことをいっているではありませんか。

つまり私は、好奇心に対しては「与えるな」といっているのであります。好奇心が求めるものは情報ですが、あえてその情報を与えるなというわけです。

これは性欲にたいしても同様です。たとえ性的交わりがあった後も、少しずつ何かを与えないでおくという配慮が必要なのです。

これは、一見何も与えないようでありますが、実は他のものを与えているのです。

それは何かといえば、好奇心に対しては好奇心そのものを与えているのです。また、性欲には性欲そのものを与えているのです。

ところで、ここで思い出してください。私はこの章の冒頭で、好奇心の強さは、その人の若さ、生命力に比例すると述べました。であるとすると、相手の好奇心を増大させるということは、その人に生命力を与えることになるではありませんか。

これは性欲の場合も当然そうです。性欲の衰えは即生命エネルギーの衰えです。ですから性欲を増大させてあげるとは、これまた生命力を与えることにもなるわけです。

すなわち、

①生存本能
②群居衝動
③自己重要感
④性欲
⑤好奇心

には、相手の欲するものを与えることによって、自分に対する魅力を増大させたのですが、本書の、

では、相手の欲するものを与えないことによって、逆に、性欲そのものを、そして好奇心そのものを与えるのであります。

それで、すなわちこの場合もやはり、「与える」という行為はなされているわけなのです。つまり、「魅《み》は与《よ》によって生じ、求《ぐ》によって滅す」の原則はくずれていない

のであります。

秘するとは惜《お》しむことである

ではここで、「秘する」とは、どのような方法で行なうのか、ということについて述べてみたいと思います。

まず知っていただきたいことは、「秘する」とは完全黙秘ではない、ということです。何もかもわからないでは、好奇心は生じません。

これは次のような譬えをもって説明すると理解しやすいでしょう。

今ここに一人の女性が立っていて、頭から足もとまですっぽりと布をかぶっているとします。これでは、この女性が美しいのか、みにくいのかもわからず、魅力的なのかどうかも感じられません。

といって、こんどは真っ裸で白日の下に立っていたとしても、やはりあまり魅力はないのです。この裸を隠し、しかし、ある部分は露出させ、露出してない部分を相手に想像させるところに魅力は発揮されるのです。

男性の好奇心は、この見えない部分に向かって、発生します。女性は身体のふくらんだ部分を布で覆いますが、そのふくらみを押さえようとせず、かえって誇示しようとさえします。スカートは足の形を見せ、胸もとの白い肌は衣服の中の部分を想像させます。

結論としていうならば、好奇心に対しては「まず与え、そして惜《お》しむ」のであります。しかし、この惜しむは、あまり作為がみえみえであっても駄目です。ごくさりげなく、自然であらねばなりません。

この場合、その惜しまれた見えない部分に対して、好奇心および、性欲が抱く情熱は「衝動」であります。すなわち、それは見えない部分を自分の意識内に描いたイメージによって補うからで、とりもなおさずこれは幻想だからです。

この好奇心における衝動をかきたて、自分に対する幻想を描かせることこそ、人蕩し術の極意なのであります。

ところで、人間とは「自己表現」をしたがる生物なのです。それは自己重要感を充足するための一手段であり、結局のところ、自己表現あるいは自己実現というものは、幻想の追求でしかないのですが、この衝動はなかなかに抜きがたいものです。

これは、自分の中身を外部にある程度さらけ出すという行為なのですが、この際に、さきほどの女性の裸についてのたとえ話に該当してくるのです。

例えば、あらゆる芸術は幻想の追求です。そして、その作品は、それを見る人に幻想の衝動を起こさせるのです。

日本画などでも、水墨画が色彩を用いないということは「秘する」ことにあたりますし、特に水墨画で重要視されるのは、描かない部分、つまり空白をいかに残すか、というところにあるといわれています。

日本芸術の一大特長である「わび」とか「さび」といわれるものは、この「秘する」という行為がもたらした独得の美意識といえましょう。それはまた、東洋思想の特長である「無」とか「空《くう》」の表現でもあります。

また西洋画でも、セザンヌは「画を描く上で一番大切なことは、どこで描き止めるかということ、つまり描きすぎないことだ」といっているそうですが、これもやはり前記と通ずるところがあると思います。

禅の世界も、まさにこの省略法の最もよく用いられた世界でしょう。何しろ、指一本立てたきりで何も示さない禅師がいたくらいですから。

五祖法演《ごそほうえん》という中国の禅師は「好語《こうご》説き尽くすべからず」という戒《いまし》めを残しております。これはどういうことかというと、「好語《こうご》」とは、懇切丁寧《こんせつていねい》な言語で、あまり親切に説明してはいけない、という意味です。

では、それはなぜかというと「好語《こうご》説き尽くせば、人これを易《あなど》る」。つまり、あまり言葉をつくして理解しやすくすると、聞いた人はかえってそれを軽視してしまう、だから適当なところで説明は切り上げなければいけない、といっているのであります。

これらをまとめて、ごくわかりやすくいいますと、「諸事あっさりと表現せよ」ということに尽きるようであります。

これはまた、古語にあります如く、

「満《み》つれば欠《か》く」

というように、すべて十分までやらず、九分までで満足することが肝要であるといっていることと同じであります。

能という舞台芸術は、まさにこの「秘する」という意識によって終始する表現法だといえましょう。有名な世阿弥《ぜあみ》の花伝書には、能の極意は「秘する」ところにあり、と述べられております。

これは、ごく最近（戦後）になって発見された書で、十五世紀の能の全盛時代、観阿弥の後継者である世阿弥の「伝書」と呼ばれるものです。花伝書の一部には「拾玉得花《ぎょくじゅうとくか》」という部分がありますが、これは「玉《ぎょく》を拾いあげて、花の姿にかえる」というほどの意味で、玉《ぎょく》とは能の奥義の精髄を表わしております。

この他にも、「風姿花伝」「花鏡」「別紙口伝」などの題名が幾つかあり、これらを総称して「花伝書」というわけです。

この花伝書について、かつてNHKラジオで放送された解説では、次のように述べられております。

「秘すれば花なり」という、有名な世阿弥の言葉には、子供どうしの約束のような嬉しさがないでしょうか。

友だちの耳に「これは秘密よ」とささやくだけで、何でもない事柄が、とたんに特別な輝きを帯びるのです。

「秘密」の二字は、私的な些事を公的なものに昇格させ、社会的契約の緊張を生むのです。

マル秘のハンコが押された書類が多い部署ほど、緊張した連帯感を生ずるという、仲間内の喜び……。かくて「秘すれば花」の効用は、子供から大人の社会にまで、広く及んでいるのがわかります。

誤った「権威」を生む弊害も含めて、秘密は人間になくてはならぬ薬味として、今後も生きる「価値付与」であり続けるに違いありません。

「花」とは要するに「魅力」のことでしょう。あるいは、人を魅きつける雰囲気とでもいうべきか。

別紙口伝に曰《いわ》く、

「秘すれば花なり。秘せずば花なるべからず、となり。この分け目を知る事、肝要花なり。抑《そもそも》、一切の事、諸芸道に於いて、その家々に秘事と申すは、秘するによりて大用あるが故なり」

つまり、芸ごとを見る楽しさは、サルが玉ねぎを一枚一枚むいていく、そのプロセスにあるということでしょう。

一枚むけるごとに、何が出てくるのかと、わくわくしながら、それを見つめる喜び、そのサスペンス、一つずつ秘密があらわになっていく、これが観客の心を魅きつけて止《や》まない秘訣である、というのでしょう。

実際のところ、玉ねぎのシンには何もないかもしれないのです。しかし、それは問題ではありません。

文字通り、それは「幻想」であり、実体のないものかもしれません。しかし、それは実体がないほどに、はかなく、もろく、こわれやすいガラス器のように、透き通って、美しく輝いてあるもの、すなわち、それが秘密の実体なのかもしれません。

秘密の種類について

では、秘することの種類にはどんなものがあるでしょうか。

一般的にいって、秘密というものには、あまり良くない印象があります。これは、その内容性が恥ずべきものとするものが多いからです。

過去の失敗、あるいは犯罪、あるいはセックスにまつわる異常な性癖などを隠したがるのは、その人の自己重要感に関係があります。あるいは、それが知られると、自分の生活や仕事にまで差し障《さわ》りが生じる場合もありましょう。例えば、裁判官の息子が盗みをしたような場合、社会的な制裁があります。

政治はわいろの必要性を公然の秘密としております。しかし、彼らは建て前として、清潔であるようふるまわねばならないのも事実です。

人間は本音と建て前を使い分けて生活しなければなりません。本音は建て前の背後に隠されております。しばしば、人はそれを偽善的であると呼びますが、しかし、人間の社会は確かに、お互いの建て前を尊重しあってこそ、円滑に運営されている部分があるのも事実です。

これは別の言葉でいえば、お互いの秘密を尊重するということでしょう。

ただ、これにも限度があります。前記のわいろのごときは、それが過ぎれば、人々の指弾を受け、身を滅ぼすもととなることは、いつの世でも繰り返されていることです。

しかし、恥ずかしいことというのは、要するに意識上の問題だと考えることもできます。同じような過去をもっていても、それを恥ずかしいと思う気持ちには個人差があります。ある人はそれをひた隠しにするし、他の人は案外平気かもしれません。

いずれにしても、恥ずかしいと思うことは幻想であり、恥じるということも衝動です。そして、その秘密を隠しておこうとすると、しばしば苦しさを覚えるものです。これは心の中の空間が狭くきゅうくつであり、そこへ幾つかの秘密が詰め込まれると苦しくて仕様がない、といったような状態になったものです。

この「心の空間」とは人間の度量の広さを意味するものですが、これについては、もう少し後で、説明することにしましょう。

秘密というものは、何も恥じるべきものばかりではありません。

まず、その人の「背景」というものがあります。これは、地位、身分、学歴あるいは家系などを意味します。例えば、世の中で偉い人という時は、ほとんどの場合、地位身分の高い人を指しているものです。

このような背景について、自ら人に語りたがるというのは、その人の自己重要感の飢えの状態がそうとう強いことを意味しております。彼は自己劣等感の苦しみ故に、それを秘してはおけないのです。

この逆に、それを話さなかった人のある身分が、他の理由で知られた時、人々に奥床しい印象を与えるものです。

次には「能力」というものが考えられます。これは「能あるタカは爪を隠す」ということわざでよく知られていることです。

能力、才能、特別な技術に秀でている人で、しかも自己重要感がよく充足されている人は、それを他人に喋って自己重要感を高めようという必要性を覚えません。ですから、自然にそれを秘することになります。

これに反して、心に劣等感のある人は、すぐに自分の才能について吹聴したがるもので、前に述べたとおり、昔から世人はこれを、「自慢高慢バカの内」などといっております。

「恐怖」というものがあります。

アキレスにとって、足首の腱が弱いことは秘密でしたが、このように実質的なものでなくて、多分に幻想的な恐怖を人はもっているものです。

経済的な恐れ、対人関係の恐れ、病気への恐怖、未知への漠然とした不安、これらはすべて幻想的なるものです。

ある心理学者によれば、人間本来の、つまり本能的な恐れは、落下の恐怖と大きな音に対する恐怖の二つだけで、あとのすべてのそれは、自分自身の意識が作り上げたもの、すなわち幻想であるといっております。

キリストもこの点について、

「なんじら、明日を思いわずらうことなかれ。明日は明日自身が考えるであろう」

と述べています。

このように、未知なることは知るすべはない、と割り切っている人は、大きなゆとりを感じさせます。

この反対に、未来を恐れ、予言者や占いなどに盲信的にすがっている人は、心の中の器が狭く、恐怖という秘密を解消し得ないでいるのです。

「善行」は、すでに述べたように、ひそかに自己重要感を高めようとする行為です。善行を積み、それを秘することは大変重要です。なぜなら、それを他人に語れば、それは自慢となってしまい、自分で自分を尊敬することができなくなってしまうからです。

これについては、シェークスピアの研究家として有名なチャールズ・ラムが次のようなおもしろい言葉を残しております。

「私の最大の楽しみは、いつか偶然のように誰かに発見されるように、ひそかに善行をしておき、それが発覚した時に味わう自己満足である」

何とも人間味のある言葉ではありませんか。

これは、秘するという言葉からは逆のように思えるかもしれませんが、このラムのように、自分の弱点を大胆にさらけ出し、しかも平気でいるものは、その人の度量の広さを意味しているものです。

何となれば、器が広く、幾種類もの秘密がぎっしりとそこに詰まっているので、大胆に使っていっても、少しも目減りしないからなのです。

『葉隠《はがくれ》』という昔の武士の心得を説いた書には、「恋というものは、ひそかにその女性を想いつづけることをもって最上とする」という意味の言葉があります。

また、愛情とか、感謝の言葉などは、「いうては、かえって味なきもの」などといって、昔の人は心にその思いを秘め、以心伝心をもって、心がかよいあうということを、とても大切にしていたようです。

これらのことは、昔の人が、お互いの心の内にあるものを、そっとしておきたい、また互いに知った愛情などの秘密を共有していたい、という気持ちを抱いていたことを表わしているものです。

秘密空間が持つ意味

さまざまな秘密の雑居している心の中の空間は、その大きさは個人差があって、大いに異なります。

心がいつもリラックスしていて、しかも陽気な人の秘密空間は広いものです。そして、その中には数多くの秘密が入っているのですが、何しろ中が広いので、きゅうくつさが感じられないのです。

これに反して、心がいつも緊張している人は、心のその空間が狭いので、秘密がぶつかりあって苦しくなり、ついそれを外にもらさずにはいられなくなるのです。

例えば、罪障感に責め立てられて、自分の犯した（と当人が思っている）秘密も、当人の抱いている道徳観によって、心の自由性がしめつけられ、緊張しているからです。

道徳観や宗教的戒律、また国家的使命感などは、心のその空間を狭くし、きゅうくつさを助長し、緊張を増大させます。このために、これらの人々は、すぐ興奮しやすく、また怒りっぽかったりするものです。また、心の中に罪障感を生じやすく、大したことでもないのに、黙っていることができなくなります。

例えば、キリスト教における告白の制度など、まさにその好例です。彼らはその信ずる教義の故に心の中が狭くなっていて、罪だと彼らが信じているその秘密を秘していることに耐えられなくなってしまうのです。

そこで牧師に向かって告白をし、束の間の解放感を得ることになります。しかし、心の中の狭さは、じきに他の秘密で一杯になり、その苦しさ故に、また告白をするという堂々めぐりになります。

実際のところ、彼らの考える罪の意識とは、結局は幻想です。その幻想とは、自らの衝動が描き出したものです。罪も罰も、そして許しも幻想なのです。

否、最大の幻想とは「神」そのものであるといってもよいでしょう。人間の描き出した最大の幻想は「神」であり、それは衝動によって、意識の上に作り出されたイメージです。

では、その衝動とは何か。群居衝動がその始めであり、それは母の胎内への回帰願望であり、甘えです。

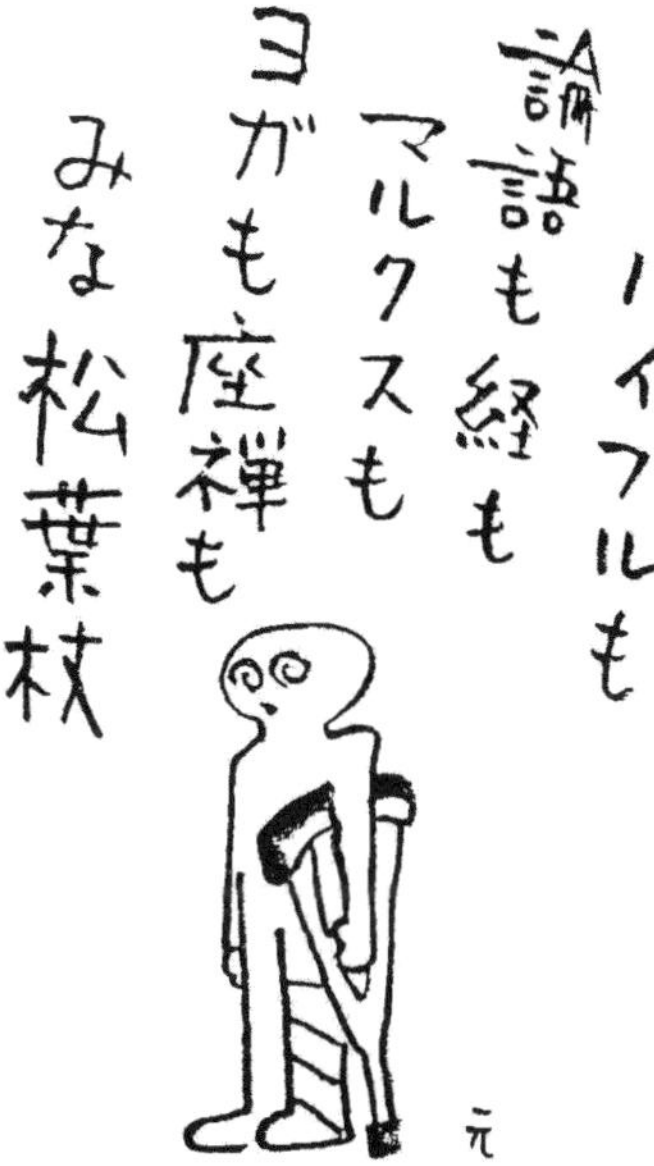
バイブルも
論語も経も
マルクスも
ヨガも座禅も
みな松葉杖
元

それは個我を捨てて、普遍そのものの中に埋没したいという原初的な欲求です。

そして、その欲求は、幻想的な恐怖より生じたものです。その恐怖とは、「自分が個であることの不安さ」です。我々人間は個我を樹立し、その自己を表現せんと欲しつつも、強い孤独感に悩み、故郷へ逃げ帰りたくも思っているのです。

一人立つことを強く望みながらも、何かに寄りかかりたくなっています。何かに寄りかかるとは、あるコロニー（群れ）に所属し、その一員となることを意味します。この何かとは、すなわち「幻想」そのものです。ものとして存在するものではなく、名称としてあるものです。

例えば、「家」がそうです。この家とは家屋のことではありません。つまり、木や石で造られたものではなく、家系あるいは家族という連帯幻想です。

また、「国」もそうです。この国とは、土地のことではありません。日本という名称がつけられた幻想的集団です。

あらゆる宗教は、寄りかかるべき松葉杖を人々に提供します。そして、信者たちは、この松葉杖なしには、満足に歩けなくなってしまうのです。

万人等しくその寄りかかるものを求めている時に、あらゆる種類の松葉杖を求めることなく、ただ己れの内に湧き出ずる「純粋性意識エネルギー」を用いて、悠々と生きている人物の中の心の空間こそ、ガラーンとして巨大な空洞のように広く、いかなる種類の秘密が持ち込まれても、いささかもその中は混雑することがないのです。

この故に、達磨《だるま》大師は、武帝《ぶてい》に、「いかなるか、これ聖諦第一義《しょうたいだいいちぎ》」と尋ねられた時、「廓然無聖《かくねんむしょう》」と答えているのであります。（碧巌録《へきがんろく》）

これは意訳すれば、「最も尊い悟りとはどんなものだ?」と問われ、達磨は、「ガラーンとした大ホールの中のようなもので、尊いものとか、尊くないものとかの幻想など存在しないところです」

と答えたのです。

よって、あらゆる幻想にまどわされることなく、またあらゆる秘密という幻想の空間を一杯に蔵していても、いささかもその空間に狭さを生ずることなく、悠々と生きている人は、いわくいいがたい魅力に満ちているのであります。そして、この秘密空間の広さこそ、一般的にいう「器量」とか「度量」の広さを意味しているのです。

三日坊主を恐れるな

「私は何をやっても三日坊主で、長続きしないんですよ」などと言う人がいます。

「お前はあきっぽいなあ」などと子供に小言を言う親がいます。

これは良くないことです。よく考えてみてください。一つしかない人生において、興味をもったすべてのことを、長期間にわたって続行できるでしょうか?

一生を通じて楽しめる趣味などは特にそうで、まあ、一つか二つがよいところでしょう。ですから、興味をもって、ふとやってみたが、すぐ飽きて投げてしまった、こういうことは幾つあってもかまわないのです。

大切なことは、ほんの少しかじっただけでも、それについての知識は得たということです。

このように、人生における過去の体験は、肯定的に考えた方がよろしい。

「三日坊主」「飽きっぽい」などと、それらを失敗体験としてとらえておりますと、それは「自分は無能者である」という自己暗示を自分の潜在意識に送り続けていることになるからです。

そして、それが習慣化すると、ついにその人は、自分はダメな人間であるという自意識に左右され、本当に何をやってもうまくいかなくなり、そしてそれによって生じた劣等感は、またさらに彼を悩ますことになるのです。

ですから、三日坊主を、決して恐れる必要はありません。それどころか、何にでも興味を持ち、そして飽きたら、どんどんとそれを捨てていってもかまわないのです。

何にでも興味を持ち、何でも試してみる。広く浅く、水平的に知識の対象を探っていってみる、ということは、自分の生命力をかきたてるためには、とてもよい生き方なのです。

好奇心をいつまでも失わない習慣的態度は、常に若々しく、たとえ年をとっても、魅力を失わない人間をつくります。

昔、私はある雑誌の依頼で、龍角散本舗の社長だった藤井康男氏と対談しましたが、その際、氏は次のようなことを言われております。

藤井　ボケといえば、この前、ある人から「うちのお父さんは読書家なのに、なぜこんなにボケてるんでしょうか」と質問を受けたことがある。私は、本を読む人はボケないと思っていたのです。

なぜだろうと、いろいろ調べてみたら、本も読み方があるんですね、読んだ知識を自分のものにして、それをしゃべったり、書いたりという吸収の仕方をしている人はボケませんね。読むだけで放電しない人はダメなんです。

だからどこかのアナウンサーの言っているような「知るは喜び」ではなく、知ったら使わなくてはいけない。お金といっしょで、溜め込んでしまうと、変な現象を起こす。今の情報化時代の一つの落とし穴は、キャッチした情報を使わせないで、キャッチだけさせるというところに、危険性があるのではないですか。（『幸福の科学的すすめ』対談、藤井康男、無能唱元、雑誌『致知』一九八四年十月号）

つまり好奇心の発露とは、読書や、ラジオ、テレビあるいは講座などで、何かを学び取るだけではだめなので、その得たものを表現しなければ、その十分な充足は計れない、ということでしょう。

「覚えてみる」そして「やってみる」この二つは、また自己表現の一手段であり、それは当然、自己重要感にもつながるものです。ですから、この第五の本能も他の本能と同じく相関関係をもって働くことがわかります。

いずれにしても、「人生多事」、人の一生はやらなければならないことがゴマンとあるはずです。

この中で「何ごともものになるまでやる」だとか「一事を貫け」だとか言っていたら、やることだらけになって、人間目を回してしまうでしょう。

「ごく気軽にやってみる」「あきたらやめる」「おもしろかったら続ける」とこれくらいの態度で、人生そのものをゲームのように、楽しく遊ぶつもりで生きることができれば、それでよろしいのではないでしょうか？

禅の方では、これを

「遊戯三昧《ゆげざんまい》」と申します。

二、未来をイメージせよ

好奇心はイメージを生む

さて、好奇心が働くということについて考えてみましょう。好奇心とは、何かの物や事を対象として、それについて、もっとよく知りたい、あるいは入手したい、体験したいという欲求が勃然《ぼつぜん》として、意識上にのぼってくることを意味しております。

このような場合は、何によらず、その対象物についての「イメージ」が心の中に描かれている、という点に注意してください。

そして、そのイメージは、その段階では、まだ不正確なものが多いのです。なぜなら、好奇心が起きているということは、まだそれについての知識や情報が十分でない、ということを意味しているからです。

こうしてみると、「好奇心とは何によらず、未来におけるそのイメージを心の中に描くことである」ということがわかってきます。

そして、そのイメージとは、欲したことの具現化を、まず意識上において体験しよ

うという行為であり、それは未来の結果のためのリハーサルであるとも考えられるのです。

さあここまでくると、ハッと何か思い当たることがありませんか？

そうです。それは前述しました「アラヤ識」の働きのことです。

「何によらず、思念をもって心に描かれたイメージは、心下意識アラヤに送り込まれ、その中で熟成されたイメージは、やがて未来において実現化する」というあの仏教哲学です。

「アラヤ識というコンピューターに、イメージというプログラミングが送りこまれ、それは内部処理されて、その答えが外部へ送り出されてくる」というこのメカニズムの一番最初の始動は、なんとこの

「好奇心」にあったのです。

ある事柄に、ふと心がとまり、それを心の中に捕らえ、そのイメージ化が始まる。これが好奇心の出発です。

それは細かい部分が次々と明らかにされ、形状化への捕捉が始まります。そして、心像というものが、より完全な形をおびてくるのです。つまり、それは熟成です。熟成が終われば、アラヤ識は、その人の人生の上にそれを実現化させてくるのです。

食欲は、本書で説くところの五大本能の第一、生存本能を充足させるための原初的欲求の現われですが、これと同じように、好奇心は未来の新しい人生を創造する「心内イメージ」を生産するための根元的欲求であるといえましょう。

「好奇心から生み出されたイメージは、新しい人生体験を生産する」ということは、好奇心が積極的・活動的な心の働きであることがわかります。

では、このイメージをどのようにしたら、効率よく実現化へ向かわせることができるのかというと、それは古来から世界の各地で行なわれてきた「瞑想」あるいは「祈り」という方法によって、それが可能になるのです。

心の働き

華厳経《けごんきょう》というお経の中に、次のような有名なことばがあります。

「心はたくみな絵師のように、さまざまな世界を描き出す。この世の中で心の働きによって作り出されないものは何一つない」

これを万象《ばんしょう》は唯心《ゆいしん》の所現《しょげん》といい、人間の意識は大宇宙さえも出現させたのだ、と断定しているのです。

ここに重大な秘密があります。つまり、普通の人々は、この理に気がつかず、自分の意識は感情のおもむくままに、それによって翻弄《ほんろう》させられております。そして、その意識のままに、未来の運命像が描き出されているのです。

これは、いってみれば、自分は何をかいているのか見当もつかないでいる画家のようなものです。

もちろん、私たちの多くは、将来、さまざまな希望や願いを持っているのですが、それを意識を用いて、心のカンバスに明瞭に描き出していないのです。ここに、人々が自分の人生はうまくいかないと信じてしまう原因があります。

この心のカンバスに、より良い画像を描き出す最も良い方法は、瞑想を用いる方法だと思います。

瞑と想は反対の意味

「瞑想」

この文字の上の「瞑《めい》」と、下の「想《そう》」とでは、その意味が違うのです。いや、違うというより、むしろそれは反対の意味を、それぞれが持っているのです。

上の「瞑《めい》」は、暗く静かになっていくことで、つまりは無へ近づくことです。下の「想《そう》」とは、文字どおり思い描くことであり、想像すなわち像を創り出すこと、つまりは有を生み出すことです。

なぜ、こんな反対語を組み合わせたのでしょう？ それは、瞑想という行は、この順序で行なわれるからです。

まず、身体を固定し、五官を休息させて、静かに静かになっていく。これが「瞑《めい》」です。

こうして、心の中は浄化されていく、限りなくゼロに近づいていく。

そして次に「想《そう》」です。まっさらになった心、その空白のカンバスに、思うがままの絵を描くのです。

これは黒板のように考えてもよろしい。まず黒板ふきで、黒板の表面をよくふきとる、これが「瞑《めい》」。そして、そこへチョークでいろいろと書きこむ、これが「想《そう》」です。

仏教の天台宗では、瞑想のことを「止観《しかん》」といいます。

「止《し》」とは意識の活動を止めることであり、「観」とは逆にその意識を働かせて想像する、ということだと思います。また、「止《し》」とは感情の波立ちをとどめ、「観《かん》」とは思考をもって念ずると考えてもよいでしょう。

ヨガでは、意識をまず集中し（これをダラーナという）、次に意識を自由に働かす、すなわち拡散させる（ディヤーナ）という瞑想法を行ないます。

消す役目と書く役目

「瞑《めい》」は消す役目。「想《そう》」は書く役目。だから、「瞑《めい》」で苦しみを消し去り、「想《そう》」で喜びを描き出せばよいのです。

「瞑《めい》」は、ただ静かに身体を固定し、しかも同時にリラックスさせ、例えば呼吸を数えてもよく、何か一つの命題をじっと考え続けてもよいのです。

また、体感覚といって、身体のある一点、例えば左掌の中央に豆粒一個を乗せているというように、そこへ意識を集中し続けてもよいでしょう。

このようにして、五分以上経過すると、脳波はアルファ波といって非常に安定したゆるやかな振幅になってきます。この時に、「瞑《めい》」の目的は達せられつつあるのです。「瞑《めい》」の力は、心下意識アラヤにすでに入ってしまったものさえも、それを引き出し、消滅させることもできるのです。

そして、次の「想《そう》」に熱い感情の推進力が加われば、それは新たにアラヤの中に楽々と沈んでいきます。こうして、未来はそのように形づくられます。個人の上にも、社会の上にも……。

喜びを想えば幸せを体験し、恐れを想えば、失望を体験するのです。平和を想えば世界は発展し、戦争を想えば世界は滅亡するでしょう。アラヤ識はすべてを、その原因のままに未来を出現させるのです。

因と果の間に、アラヤ識が介在しております。そして、果は因と同類のものとして出現するのです。すなわち、

バラ色のタネからはバラ色の世界が
灰色のタネからは灰色の世界が
タネは因、世界は果

因の縁は絶えず生起し、そして、因果は輪になって廻っております。

内にかくあるごとく

単純な物理法則は、それ自体が宇宙の原理なのです。

例えば、振り子を向こうへ押せば、こちらへ返ってくる現象もその一つです。

私たちが、心の中へ向かって、押し込んだものは、心の外へ向かって押し出されてくるのです。これは、内に与えられたものは、外に与え返されるという意味です。

そして、与えたものと与え返されるものは、同じ種類のものなのです。すなわち、喜びを与えれば喜びが、憎しみを与えれば憎しみが与え返されるのです。

「内にかくあるごとく、外にもかくあり」です。

私たちが、人々に向かって、喜びを与えれば、喜びが返ってくるし、憎しみを与えれば、人々から憎しみが返ってくるのであります。

そして、この内外の二方へ向かって、陰陽どちらかの思念を発するそのもとは、イメージです。すなわち、心の中にどのようなテーマを思い描くかによって決まるものです。

ですから、私たちはまず好奇心が心の内に起きたら、そこからつながるイメージというものを、ぜひとも、人類と自分自身を益するものの方へと導かなくてはなりません。

あるいは、それはせめて無害な空想的なものでなくてはなりません。

このようにして、私たちは、自分の好奇心を旺盛にしつつも、イメージは人生をバラ色にするようにコントロールされるべきなのです。

人生がバラ色に輝く時、当然、その人は他人に喜びを与えるタイプの人となります。

こうして、その人は魅力的な人物となるのであります。

ではここに、イギリスの作家、オスカー・ワイルドが語った「魅力について」の言葉を載せておきましょう。

「男性にとって、お世辞を言うのをやめるのは大きな誤りである。なぜなら、男性が魅力的なことを言わなくなった時は、魅力的なことを考えなくなった時だからである」

代理想像が必要

次のことだけは断言できます。

それは「およそ代理想像のきかない人間に人の心が魅きつけられることはない」ということです。

代理想像とは、相対している人間が、今、自分をどんなふうに感じ、考えているだろうか？　ということを相手の立場に自分の身を置きかえて想像してみることです。

これは、あまりに度が過ぎると、相手の顔色ばかりうかがい、その挙動に一喜一憂するという小心者にもなりかねないのですが、しかし、この世の中には圧倒的に、相手の思惑など一切頓着《とんちゃく》せず、自分のことばかり喋《しゃべ》り続ける人間の方がずっと多いものです。

その結果として、聞き手は不快になり、その場から逃げ出したくなります。これが魅力喪失の最も多い過程だと思います。

だから、自分に魅力をつけたいと思ったら、この代理想像を働かすという意識操作に熟達する必要性が是非ともあるのです。

そして、会話中、時々、相手の考えていることを察するよう努めることが大切です。しかしながら、それはこの力を絶えず用いるということではありません。それでは、絶えざる緊張で自分の神経がやられてしまうでしょう。

普段の会話中は、あまりそのようなことに気をつけていなくていいのです。

だが、相手の表情や言動に僅かながら何かの変化が生じた時、それにフッと気づくということが大切です。

そして、今、相手は自分の言動に対しどんな考えを抱いているのだろうか？　と想像してみることです。あるいは、あるていどのさぐりを入れてみるのもいいでしょう。

そして、相手側が何かの不快感を自分に対して抱いているらしいと気づいたら、ただちにそれに対しての応急処置を取るべきです。例えば話題を変えるとか、あるいは相手に語らせるとか…。

秀吉は戦《いく》さをけっして武功で勝とうとはせず、戦さをする前に外交と調略を十分におこない、戦さをする前に外交の勝ちをとるという思想の持ち主でした。それゆえにこそ若いころから百戦百勝を得ましたが、敵側を調略しようと思えば、相手がなにを欲し、なにを怖れ、なにに魅力を感じているかということについて鋭い分析が必要です。この分析も代理想像といえるのではないでしょうか。

ところが、多くの人はこの代理想像をするなどということに、気がつきもしないのです。そして、相手が言っている内容をすべて鵜呑《うの》みにします。そして信じます。

相手が、「この手形の裏書きをしてください。決してあなたを裏切ることはしません」と言うと、相手の困っている事情など想像せずに、その手形に裏書きしてしまうのです。こうして悲劇が発生することが、この世の中には随分とあります。

人蕩《ひとたら》しが効かなくなる時

今まであった、その人の魅力が突然失せてしまい、その人に備わっていた人蕩《ひとたら》しの力も共に消え失せてしまう場合があります。それは、どういう時でしょう？

それは、その人が人々に、ある失望を与えたことによります。

すなわち、彼が自分の幸運に対して、甘えの気分を持ち始めたことによって生じた現象なのです。

順風満帆《じゅんぷうまんぱん》すべてがうまくいっており、人々が彼を羨《うらや》んでいた時に、じりじりゆっくりと、あるいは、突然にそれは発生します。その理由は、彼のうまくいっていた自分の人生に対する甘えであり、また、奢《おご》りでもあります。

「甘え」とは、どんな気分なのでしょうか？

人生がうまくいっている時、あなたに相対している人々は、あなたからの好意というものを当然期待しています。そして、あなたの彼らへの好意あるいはサービスが続いている限り、あなたと彼らとの間に蜜月はつづいております。

しかし、あなたは彼らに対してわがままになってきました。それは、世間に対して、あなたの心の中に「甘え」の気分が生じてきたからなのです。

これぐらいのことなら、彼らは、あるいは世間は、受け入れてくれる筈だ、と考えて、あなたは無理を通します。

すると、そのたびに世間、あるいは彼らは、がっかりします。

しかし、その無理はあなたの有する運の強さの故に押し通されます。あなたは、たいした心配もせずに、平気でかつ傲慢《ごうまん》にそれを押し通して行きます。

そして、ある日突然、人々への人蕩《ひとたら》しが通用しなくなっていることに気がつくのです。

秀吉なども信長の遺志をついで天下を統一したのち、次第に傲慢さが目立ってきます。皮肉なことに、本田宗一郎は秀吉のことを、青年時・壮年時こそ好きだが、晩年の秀吉ほど嫌いな人はいないと述べています。淀君や秀頼への愛におぼれ、側近政治をやり、無益な対外戦争をしかけ、養子の秀次を自殺に追い込み、千利休を切腹させてと、晩年の秀吉は全部零点だと言いきっています。

いずれにせよ、この世はすべて、ギブ・アンド・テイクによって構成されているのだと考えるとわかりやすいでしょう。

彼らはあなたから与えられなくなったものに敏感なだけではなく、しばしばあなたに反感あるいは恨みを抱くのです。

彼らは、あなたに対して冷淡であり無礼であることさえあります。しかしそれは、かつてあなたが無関心のうちに彼らに与えたものと同じものかもしれないのです。すなわち、与えたものは与え返されるのです。

これは結局、あなたの世間に対する甘えが高じたが故に、人蕩《ひとたら》しが効かなくなったというわけなのです。

三、「人蕩《ひとたら》し術《じゅつ》」まとめ

「人蕩《ひとたら》し術《じゅつ》」の要諦

これまで五つの本能的衝動にそって順次、「人蕩《ひとたら》し術《じゅつ》」の要諦をお話ししてきました。ここでもう一度、重要な点をまとめておこうと思います。

まず、そもそも魅力とは何か、そして、その「魅力」は何によって生ずるのでしょうか。それは要約すると、次のようなことでした。

①魅力とは、他人を自分に引き寄せる力である。

②「魅は与《よ》によって生じ、求《ぐ》によって滅す」その魅力とは、他人に何かを与えれば生じ、他人に何かを求めれば消えるものである。

③その何かとは五つあり、そのうち、物質的なものは一つだけで、他の四つは無形のものである。

④四つの無形のものを与える機会は、会話という手段における場合が最も多い。

⑤お金や物などは、四つの無形のものを他人に与えれば、その代償として他人からそれが自分に支払われる。

⑥私たちは、これらの五大本能的衝動についてよく知り、自分のこの本能的衝動を自ら充足し、そして、他人のそれも充足してあげるならば、だれでも、素晴らしい魅力を自分の身につけることができる。

そしてその五大本能的衝動とは、次のとおりです。

①生存本能
②群居衝動
③自己重要感
④性欲
⑤好奇心

①の生存本能とは、むろん、生きていたいという生命の根本的な本能です。これは逆にいえば、「死にたくない」という気持ちであり、それはまた「飢えを恐れる」気持ちでもあります。

人間はなぜ働いてお金を稼いだり、またそのお金を貯蓄したりするのかといえば、この飢えへの恐れを緩和するために他なりません。

ですから、もしあなたが、ある人にお金や物を与えれば、その人の飢えへの恐怖は薄らぐのです。そこで、その人の気持ちは、それを与えてくれたあなたに大きく魅《ひ》きつけられるようになります。なぜなら彼は、この安心を常にもっと欲しているからです。

②の群居衝動とは、群れをなして生きようという衝動です。誰もが知っているとおり、人は一人ぼっちでは生きられません。これは孤独を恐れる感情であるともいえます。

だから、友情とはこの孤独を恐れる感情をやわらげる最高の薬なのです。友愛を示してくれる人に多くの人々が魅きつけられるのは、この理由なのです。

③自己重要感。人間は、とかく他人よりは自分は秀でた存在であると思いたがる動物です。すなわち、自分は重要な人物であると思いたがるのです。それゆえ、人は他人と競争し、それに勝ち、優越の快感を味わいたがるのです。

ところが多くの場合、人々はこの優越感を得られず、自己劣等感を自分でもそれと気づくことなく、心下意識で養っているのです。

心下にあるこの劣等感が、表層意識上に姿を現わしそうになるとき、人は非常な苦痛を体験しそうになり、その苦しみを恐れて、なんとかそれを打ち消そうという無意識的行為をするようになります。

例えば、「自慢」がそれです。

ふつう、自慢とは心の中に自分に対する思い上がりがあって、それが外に出てきて自慢という行為になると思われていますが、ほとんどの場合そうではありません。自慢は自分の劣等感を打ち消すための無意識的行為なのです。

学歴や家系の自慢などはとくにそれで、自分の能力や社会的存在価値に自信のない者が、それを誇ることによって、自己の優越性を確認しようとする行為なのです。考えようによっては、すべての人間は大なり小なり、この自己重要感の充足不足に悩んでいるのだともいえましょう。また、これある故に人々は、立身出世を望んで努力するのでありましょう。

しかし、砂漠の中で水を求めるように、常に人々は自己重要感を充足してくれる者を求めて、この世をさまよっているのです。

中国の古典に、「士は己れを知る者のために死す」という言葉があります。これは自分というものを認めてくれる人（通常は主人）のためなら、死をもって報いても悔いないという意味ですが、これなどは、③の自己重要感の強烈さは①の生存本能のそれよりもはるかに大きいことを示しております。

例えば、人は自分の名誉のためには自殺することもいとわない場合があるというのもその一例です。

ですから、他人の自慢するのを聞いてやったり、また、人々の秀れた点を認めてやったり、それを賞賛してやったりする人物が、多くの人々を強く自分に魅きつけることができるのは全く当然のことといえましょう。

④の性欲について。 これについて、まず明らかにしておきたいことがあります。それは、動物の性欲と人間の性欲はまったく異なっている、ということです。

人間の場合、性欲とは単に「性交を求める欲望」とはいえないと思います。動物のそれは種族保存のために生じる性交欲で、「さかり」というそのための時期があります。ところが、人間には「さかり」がありません。しいていえば、一年中が「さかり」です。

人間の性欲には、幻想あるいは夢のようなものが付随しています。そして、その幻想には、③の自己重要感が大きくかかわっていることが多いのです。

例えば、男が美貌の女性、有名な女性と性行為をしたいと思うのは、それを他の人に誇りたいという気持ちがその背後に働いていることが多く、これがつまり幻想的な部分です。

そもそも、恋愛とはそれ自身が幻想です。ロマンチック・ラブもプラトニック・ラブもその幻想の部分を示すものですが、例えば、ある女性が現実主義的に、相手がハゲでデブでチビで老人でもいいから結婚したいと思うことがあるのも、やはり金銭的価値や身分地位というものにその性関係をからめた幻想的希求なのです。

なぜなら、幻想とは未来におけるあるイメージであり、そのイメージとはその当人にとって価値あるものだからです。いや、むしろその価値観こそが当人にとっての幻想そのものなのだといいかえたほうがいいかもしれません。

いずれにしても、人間における性欲とは純粋に性交欲の発情によるものとはいいがたく、それは個人の私的幻想が、共通の夢を求める相手と共同幻想の正解を築かんとする一種の虚構的行為でありましょう。

とすれば、人間における性欲の求めに対して、喜びを与える行為とは、その幻想の遊びに加わり、手助けしてやることではないでしょうか。

それは要するに、デートであり、会話であり、その際に発揮されるムードでもあるわけです。

ですから、相手のために共同幻想の世界を与えられる人（それは通常ムードがあるなどと呼ばれる）は、大きな性的魅力を有しているということになります。

⑤**好奇心。** 肉体は食物を摂《と》ることによって栄養補給を行ないますが、じつは精神のほうもこの栄養補給に似たことを必要としているのです。この場合、食物に該当するものが「情報」なのです。

人間は心を刺激するもの、あるいは心の糧《かて》というものを求めます。前者は感動を欲し、後者は主として教訓あるいは新知識習得の願いです。

そして、これらの欲望のもとが「好奇心」という衝動なのです。

それゆえ、博学多才であって、しかもユーモアのある人物は大勢の人々を魅きつけます。それは、人々の好奇心という欲望に応じられるからなのです。

人々の欲する情報を与えられる人は、常に「与える側の人間」であるために、それを求める人々の間で大きな人気を得るのは当然のことなのです。

最後に、人蕩《ひとたら》しの極意として、さらに述べるならば、これらの五大本能的衝動のうち、①生存本能、②群居衝動、③自己重要感、の三つに対しては、相手のその欲するものを与えよ、そうすれば、その相手はあなたに大きく魅きつけられるでしょう。

しかし、次の、④性欲、⑤好奇心、の二つでは、その反対に、相手の欲するものを、巧みに「与えない」ことによって、相手の自分に対する関心を大きくかりたて、もって自分の魅力を大きく発揮することができるのです。

ギヴ・アンド・テイクで成り立つ世の中

ここで一つ、注意していただきたいことは、以上述べました他人の五つの欲望に対して、それを充足してやるためには、お金や物を必要とするものは、①の生存本能だけであるということです。あとの四つの欲望に対して与えるものは、常に無形のものであり、しかも人は誰でもその与え得るものを無限に有しているものなのです。

ここでもう一つの、あらゆる生命体に共通する「生命運動」的な、ある現象に目を転じていただきたいのです。

それは、すべての生物は「内に何かを取り入れ、外へ何かを出しつつある」という事実です。すなわち、生物はすべて、出し入れを行ないつつ、生体のホメオスターシス（恒常性）を保っているのであります。

これは換言すれば、**この世の中はすべて「ギヴ・アンド・テイク」で成り立っているということです。**すなわち、人は他人から何かを欲するとき、その人に何かを支払わねばならないということです。

例えば、ケチな人は友情を得られませんし、相手の劣等感を逆なでするような言動をする人は、相手から嫌われて当然です。

要するに「やらずぶったくり」はどこの世界でも嫌われるのです。

ところが、世の多くの人の誤解がここにあります。

というのは、**人々は「得を求め、損を少なくする」ことが自分の行なうべき生活行為だと錯覚している**のです。

これは根本的かつ決定的な間違いです。われわれは人に何かを与えなければ、けっして快く相手から何かを得ることはできないのです。

例えば、ある人が友人のところへ借金を頼みに行った図を想定してみましょう。

この場合、担保などの交換物を提供しないと、いっけん何も相手にやらず、ただ「テイク」のみが行なわれたように見えますが、これはそうではありません。

というのは、彼は態度や会話などで、相手の自己重要感を充足しようと無意識のうちに努めているからです。つまり、相手の優越心を高めようとするのです。また、お金を貸してあげるというのは、その行為自体が彼の支配者的な優越心をくすぐるものです。

相手の第三の本能的衝動「自己重要感」を満足させてあげるというのは当然「ギヴ」与えの行為であり、この代償として「テイク」借金を成功させるのであります。

もう一例をあげてみましょう。

「夕べは、美人にもてて、まいったよ」などと、自分が女に大いにもてた話をする男がいます。この手の自慢話はたいてい聞き手をシラけさせるものです。親しい友人なら、「この野郎、一人でいい思いしたな。おごれよ」などと言うでしょう。この「おごれ」ということには大きな意味があります。

というのは、自慢というのは、自分の自己重要感を高めるために「他人の助力」を必要としているからです。これは簡単に理解できるでしょう。つまり、相手のいない独り言で自慢してもすこしも嬉しくないからです。

重大な事実がここにあります。

それは**自慢とは「他人に助けを求めている」**ということです。すなわち、聞いてもらうという助力を必要としているわけです。この求めに支払いなしでやったらどうなるでしょうか。

「魅《み》は求《ぐ》によって滅す」

すなわち、この人は自分に対する嫌悪感を他人の上に発生させていることになります。

水商売におけるサービスとは、たいていの場合、自慢や愚痴を聞いてあげることでお金を頂戴しているものです。自慢は自己重要感を充足し、愚痴は群居衝動を充足します。ですから、それで気分がよくなった客は、高い勘定を払っても文句をいいません。

だから、相手が友人といえども、女にもてた自慢をするときは、ご馳走しなければならないことは当然のことです。すなわち、なにごとも「やらずぶったくり」こそ、自分の魅力を失わせる最大の原因となるのです。

収穫は後からやってくる

ところで、この「ギヴ」与えるですが、ふつうの商売のように、お金と物品の交換をもって行なわれるようなものとは限りません。

もちろん、商品売買のように同時的に、ギヴとテイクが行なわれる場合もあります。しかし、人間の魅力にかかわる「ギヴ」とは、特定の個人に対してのものよりも、「世間一般」に対して与え続けるという意味のものなのです。

「ギヴ」は預金のように貯蓄できるのです。

「人生貸越説」という言葉があります。他人の五大本能のいずれかを充足してあげることは「与える」ことであり、これに即効的な報いを求めず、世間に対して与え続けているならば、それは宇宙銀行に定期預金をしているようなものだ、と私は考えます。

預金残高欄に残高が増えるほど、あなたの徳は高くなっていきます。「徳とは得《とく》のことである」と中国人はいいます。事実、中国では昔、金持ちのことを「有徳人《うとくじん》」と呼びました。

この定期預金が満期になったとき、富や身分、地位、また友情や健康、そしてあらゆる成功が手に入ってくるのです。それは、たっぷりと利息がついてのち、どっと支払われてくるのです。

徳とは魅力ある人のことです。そして、この魅力とはまさに「ギヴ」をよく行ない続けた人に生じてくるものなのです。

「この世の中には二種類の人間しかいない。それは与える人間と借りる人間である」という言葉を何かの本で読んだことがありますが、これは至言だと思います。

この場合の与えると借りるは、たんにお金や物のことを指しているのかもしれませんが、私は「与える」とはすべて「人に喜びを与える」ことであり、それは私流《わたしりゅう》にいえば「五大本能的衝動を充足してやる」という意味に解しているのです。

この世の中には、預金の残高欄がゼロになっているのに、なお「求める」だけを繰り返して行なって、人生うまくいかず、「どうして俺はこうも運が悪いのだろう」とぼやいてばかりいる人が案外と多いものです。

一般的にいって、何かを取得するには、二つの方法があると私は考えます。その二

つとは、

①狩猟的方法
②農耕的方法

の二つの方法です。

狩猟的とは文字どおり、目的物をぱっと直接的に捕らえる方法であり、農耕的とは、種をまき、木を育て、実を収穫する方法です。

世の多くの人は、何かを手に入れるには狩猟的方法のみで良しとしているのです。しかし、この方法ではけっして、人は豊かで安定した生活を築くことはできません。

農業あるいは牧畜などで、種《たね》すなわち原因を与え、ついでその熟成を待ち、ついにおびただしい天からの恵みを受けることになるのが豊かさというものでしょう。

与え、そして待つ人は、徳のある人であり、徳のある人は「得をする」人であると思います。この意味で、人は誰でも、まず精神の世界に、「大農園や大牧場を所有する」ことができるのであります。

そして、この形なき世界から、形あるものが、それを望みさえすれば、その人の手の中にもたらされてくるのです。

形なき世界、それは仏教でいう「空《くう》の世界」です。そして色や形のあるもの、すなわち「色《しき》」がそこより生じてきます。これこそが般若心経でいう「空即是色《くうそくぜしき》」の原理なのです。

まず自分は豊かになることが大切

以上で、魅力とは「他人の五大本能的衝動のいずれかを満足させてあげることによって生ずる吸引力である」ことがおわかりいただけたことと思います。

しかし「言うは易《やす》く行なうは難《かた》し」のことわざのとおり、人に喜びを与えるということはなかなか難しい。なぜ難しいかといえば、例えば、他人の自己重要感を高めてあげようとしても、あらかじめ自分の自己重要感を自分の手で高めなければ、苦しくなってきてしまうからです。

すなわち、自分を自分でまず尊敬していなければ（これを自尊といいます）、他人のそれを高めているうちに、自己劣等意識がどんどん増大し、みじめな気分に陥ってしまうからなのです。

ここで理解されるのは、物質的にも精神的にも、まず自分が富んでいなければ、他人に何かを与えることは至難の技であるということです。

では次章で、そのへんをさらに詳しくお話ししてまいりましょう。

第十章　人蕩《ひとたら》し術《じゅつ》奥儀

一、人生の遊行者《ゆぎょうしゃ》たれ

愛心の発露《はつろ》

私は本書で、繰り返し、「魅力の原理とは与えることである」と述べてまいりました。そして、その与えるとは、必ずしも物やお金を人にあげることではなく、相手の本能的欲求に応ずればよいのであり、そのための資質を私たちはだれもが無限に有しているのだ、とも述べました。

その無限的資質とは、あえてことばにして言うならば、それは「愛」です。

人が自分に対し、無礼な言動に及んだ時、「ああ、この人は自己重要感を自分で充足できずに苦しんでいる人なんだなあ」というように同情の念さえ覚え、その相手を許すだけでなく、かえって慰《なぐさ》めてあげようとするその心は、要するに「愛心の発動」であります。

ですから、魅力の根元は、まさにこの愛心をいかに多く自分の内にかきたてるか、というその一点にこそ、かかってくるのです。

キリストは、この「愛」を説きました。私たちも、この愛というものの大切さはわかっているつもりです。

でも、あらためて、この「愛って何なんだろう?」と考えてみると、これがはなはだ漠然としたものなんです。つまり、ことばではどうもうまく表現できないのです。

しかし、これを本書でいう「魅力の原理」にあてはめてみると、非常に明快になります。すなわち、「愛」とは「与えること」であり、その与えるということは、他人の五大本能のどれかを充足してあげる、ということになるのであります。

それはまた、他人の心配や悩みを除いてあげる作業である、といってもよろしいでしょう。

①飢えへの怖れ
②孤独への怖れ
③劣等感への怖れ
④もてないことへの怖れ
⑤無知への怖れ

このような五つの本能的欲求から生ずる怖れを取り除いてやる、これが愛というものではないでしょうか？

この愛するということは、他人を愛し、自己には厳しくするなどという、普通世間でいわれるような道徳的なものではありません。

結局のところ、他人を愛そうとするのは、自己を愛し、自己の利益のためにそうするのです。

さらにいうならば、自他の区別を立てず、ともにそこに利益を計るのであります。

私たちは、自分の生命を、まず何よりも大切に、それを愛さなければなりません。そして同時に、自己を愛するゆえに、他の人も大切に取り扱わなければならないのです。

ここにおいて、世の常識は、ひとまず破壊されることになります。すなわち、分別の知恵というものは、いったん消滅されるのです。

自分と他人とを分別比較するという二元対立の思考は、ここに空じられることになります。

そして、これができた時、本書でいう人蕩《ひとたら》しの奥儀の極意皆伝《ごくいかいでん》は、すでになされたものと考えて差しつかえないでありましょう。

いつもお釈迦様では周りが窒息する

本田宗一郎は「人間はどこか阿呆なところがある方がいい。人間は悪い心と良い心の両方持ち合わせている。両方の心を満たして人間生活ができるので、良い面だけでは息がとまってしまう。

私は仕事に関してはやかましい。しかしずいぶんそそっかしく間抜けである。それで『オヤジ、あんなに威張ったって、あんなところで間が抜けている』といって、みんなついてこられる。

仕事はやかましく、お釈迦様みたいに意志強固であったら、周りはみんな窒息してしまう。人間としてついてこられなかったらダメだ。家族だって同じことがいえる。判で押したような人はダメだ。変化に富んでいるのが人間だ」（城山三郎・河島喜好他著『本田宗一郎の人の心を買う術』）と言っていますが、自分の中の悪い心も良い心も、両方とも愛して受け入れるという器の大きさを感じさせる発言です。ここでは、悪い心と良い心という二元対立の思考は空じられております。

最高の魅力

「最高の魅力ある人」とは、この「空《くう》」を体得しえた人ではあるまいか？　と私は思うのです。

あらゆる実在は、二元対立、陰陽をもって表現されております。それは、宇宙の存在自体であり、その存在とは、「明暗」「善悪」「是非」「美醜」「高低」「尊卑」「強弱」「大小」「軽重」など、二に分別されることによって発現しているのであります。

仏教ではしかし、「この分別は実在ではなく、それは虚妄《きょもう》の意識であり、錯覚である」といいます。

そして、それを「不二《ふに》」と見、「一如《いちにょ》」であると観じ得た人を指して、「覚者《かくしゃ》」「悟った人」と呼ぶのであります。

人間界にあってなお、空を行く雲のごとくこだわりのない人があったなら、その人はまさに「最高の魅力ある人」と私は呼びたいのです。

右にもとらわれず、左にもとらわれず、そして必要とあれば、右にも左にもあえてとらえられる、このような自由自在の境地に至った人。あたかも自然の一部と化してしまったような人。

気負いもなく、淡々と自らの生を楽しみ、人々を明るくし、人生をあたかも一場の芝居のように、またゲームのように遊びながら生きている人。

このような「遊行者《ゆぎょうしゃ》」に、私は心からあこがれ、魅きつけられずにはいられないのです。

しかし、このような遊行者にも、最初からいっぺんになれるわけではありません。

それには、この人生を即、修行の道場と心得て、まず「与える」という実修から始めてみることです。

すなわち、他の人の五大本能をいかにして充足してあげられるか、そのことについて絶えず考えをめぐらしてみることなのです。

そしてこの「与え」「他人を喜ばせる」技術に長じていくならば、いつの日かその人の意識に、突然、ポカーンと桶の底が抜けて、そこから青空を見上げたような「超絶体験」ともいえるべき変革が起きるのです。

この時、この人は、あらゆる二元対立を超え、一如《いちにょ》の世界を実感します。「不二の法門に入れ」、と仏教が説いているのはまさに、このような心境を得よ、といっているのです。

それはいっさいの理非曲直《りひきょくちょく》を越えた世界であり、すべての論争が静止した境涯でもあります。

そして、このような意識世界に入ることを、禅では「死に切れ」と表現します。しかし、この死を体得したら、また「絶後ただちに甦《よみが》えるべし」とも説いているのです。

これは、「一如《いちにょ》を体験したら、またすぐ分別常識の世界にたちもどり、今度は、分別そのものを自由自在、縦横無礙《むげ》に使い用いて、自他の上に利益をもたらせ」と、このように主張しているのでありましょう。

こうなれば、この人は市井の内にありながら、もはや神仙と化したような錯覚さえ人に感じさせせましょう。

「喫茶喫飯《きっさきっぱん》」茶に出合ったら茶をのみ、飯に出合ったら飯をくい、「行雲流水《ぎょううんりゅうすい》」雲の行くごとく、水の流れるごとく、ただただこの大自然、この大宇宙の一部と化してしまった人、その人を「最高の魅力を身につけ得た人」すなわち、「仏陀《ブッダ》」と私は呼びたいのであります。

陽転思考こそ幸福への鍵

結局、法といい、術というも、そのつづまるところは「己《おの》れに打ち克《か》つ」ということになりましょう。

自分に相対するものに勝つための技《わざ》として、その法術は磨かれるべきですが、そのためにはまず、自分の中にある自分を支配せねばならないのです。

中国古典に説かれた幾多の帝王学も、究極的には、この一点「克己《こっき》」にこそ集約されるものと思えるのです。

本書で述べられた人蕩《ひとたら》しの術もまさにこれらとその真義を等しくするものです。すなわち、「他を支配せんとすれば、まず己《おの》れ自身を支配すべし」の原理に基づいております。

しかし、ここで考え違いしてほしくないのは、私の説く「克己《こっき》」には、忍耐とか我慢のような、いわば緊張感をもって行なわれるべきものではない、という一点であります。

それはまた、生命エネルギーを全開にした、歯をくいしばっての大努力というものでもありません。つまり、そこには悲壮感などという雰囲気は微塵《みじん》もないのです。

これらの克己《こっき》を「秋霜烈日《しゅうそうれつじつ》」に例えるならば、私のいうそれは「春風駘蕩《しゅんぷうたいとう》」の内に行なわれるものです。

それは一切を「遊戯三昧《ゆげざんまい》」にしてしまう、楽しい遊び心の現われであります。人生を、自分の人生をおもしろいものにしてしまう、これをもって「陽転思考《ようてんしこう》」と申します。

随処《ずいしょ》に主《しゅ》と作《な》る

陽転思考とは、この世の一切を肯定的に捉えようとする思考的努力のことです。

すなわち、これを行なえる人物は、他人の自分に求める利益性を見抜く鋭い目を持ちながら、しかも相手の善意に心から感謝しつつ、その親切を受け取れる人間です。

このタイプの人は常に魅力的です。

彼は冷徹な分別心を持つ故に、情勢判断を誤ることがありません。しかも、その態度を外面に現わさず、温かいほほえみをもって、相手に接します。

このような人物は、基本的心構えとして、常に否定的な考えを肯定的に変えようと努めている人であり、こういう人を称して、私は「陽転思考」の人と呼びたいのであります。

前記の忍耐を伴う克己《こっき》には、陰気の影があります。それは太陽光の恵みを遮《さえぎ》る暗い雲です。

この黒雲をからりと払って、一切を楽しく明るく見ることが「陽転思考」であります。ともすれば、人間という生物は、自動的に暗く悲観的になるものです。しかし、また、人間は常に無意識の内に「陽《ひ》の当たる場所」を求め続けている向光性の生物でもあるのです。

だから、人々は、人蕩術《じんとうじゅつ》をよく使う人に魅きつけられるのです。なぜならば、

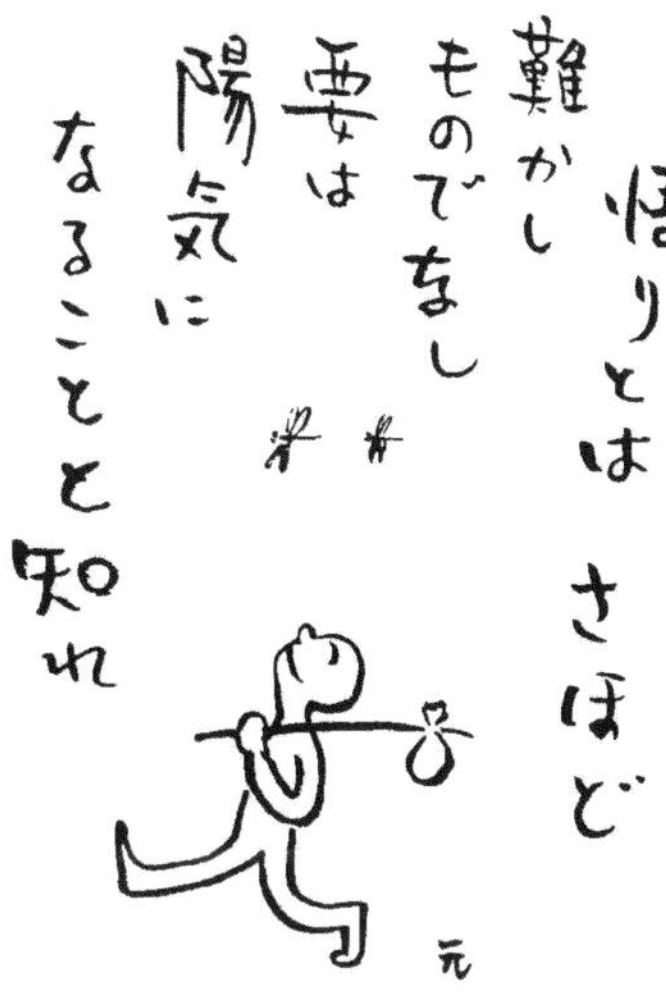
悟りとは　さほど
難かし
ものでなし
要は
陽気に
なることと知れ
元

人蕩術《じんとうじゅつ》とは、まず、己《おの》れ自身を明るく暖かにする術をもって始まるからであります。

秀吉も本田宗一郎も、周りが暗ければ暗いほど、自らを発電させ、いっそう明るく輝いてみせました。

本田宗一郎自身「俺はしめっぽいのや陰気なのは嫌だから、そんなときは思わず、パーッとやりたくなるだけさ」と言っております。事実、仕事をしている以外、本田宗一郎の周りでは笑いが絶えなかったといいます。本田が時に猥談をまじえて次々と冗談を言い、その絶妙な呼吸は、若い頃からの道楽で身につけたといいます。だれにでもわかるジョークをとばし腹の底から笑えるなら、人生は尊いものになるというのです。

だがしかし、繰り返し今までに述べてきましたように、このように自分をコントロールするためには、まず、仏教で古来からいわれてきた「解脱心《げだつしん》」というものを、ぜひとも取得しなければいけません。

この解脱《げだつ》というものは、そう難しく考える必要はないのです。それは要するに、「緊張なき反省」といったようなもので、時には「内観《ないかん》」とも呼ばれる行によって得られる一種の心理状態なのです。

すなわち、瞑想ポーズに入り、全身がリラックスしたら、自分の日頃の言動を、他人ごとのように、ボーッとした心境で思い返すことなのです。

「自分を他人ごと」として見る。

このように心の内に自分の言動を見ることを「観《かん》ずる」といいます。この観を行じている瞬間こそ、あなたの心が自分を解脱《げだつ》して、自分を含めた一切の事物を観じている瞬間なのです。

人蕩《じんとう》の極意は正にこの解脱の状態の内において体得、自得できるものです。

かくて、自己を支配することは、畢竟《ひっきょう》、すべてを支配することへと通じて行きます。

つまり、それは一切を自在に観ることから始まるのです。

これがすなわち、般若心経《はんにゃしんぎょう》でいうところの観自在菩薩《かんじざいぼさつ》の姿なのであります。

この境地に至れば、あなたは禅家でいうところの「随処《ずいしょ》に主《しゅ》と作《な》る」の心境を得たことになりましょう。

「かねもうかるの伝授」

脇坂義堂著

脇坂義堂（わきさかぎどう）について

?〜一八一八年。江戸後期の心学者。
『売卜先生安楽伝授』『忍徳教』『かねもうかるの伝授』など。

◎翁《おきな》の曰《いわく》、
そもそも出世する事や、銀《かね》もうける事は、誰もかれも上皮《うわかわ》には好むように見ゆれど、真実心底には、世の人の嫌うものの故に、今日は来る人も少なかろうと思いの外、未明から仰山な群衆じゃ。よくよく世間には遊山事もないのかして、いやな事にもおびただしく御出《いで》じゃ。

◎人数の中をすすみ出《いで》、羽織はかまを着《ちゃく》し、禿《はげ》た天窓《あたま》を畳にすりつけ、私《わたくし》は日暮村の庄屋四ツ兵衛と申しまする。
先生様の今日のご伝授、在方でも町方でも、何よりかより家々に一致入用《いっちいりよう》の事故《ことゆえ》、皆よろこびまして、夜のあけるのを待ちかねて参りましたに、此《この》伝授は人がきらうのいやがるのと御意なされますのは、どうした訳でござります。

他所《たしょ》の人はぞんじませぬが、私が村の者どもは、かく申す庄屋の四ツ兵衛を始《はじめ》として、銀《かね》もうける事と出世する事は飯《まま》よりも好物で、酒や女と同じようにおもうて、真実心底一人もきらいはございませぬ、

◎翁《おきな》の曰《いわく》、
成《な》るほど貴さまのいう通り一人も嫌いはないものじゃが、またまことの好きはなおないものじゃ、好きこそ物の上手になるで、銀《かね》もうけも立身出世も誠《まこと》の好きなら望みの通りが出来る物なれど、きらいばかりの世の中じゃてに、さて、

翁《おきな》昔遊覧のついでに紅毛国《おらんだこく》へ参りしが、この紅毛国にはカネモウカルという名の薬を売る家あり、又その隣家にカネノウナルという名の薬あり、

此カネモウカルという薬は呑めば次第に富貴の身となる良薬也ければ、世の人是《これ》をしたわぬはなし、然《しか》るに此薬年々すいびして求めに来る人至《いたり》て稀《まれ》なり、

又、その隣家のカネノウナルは、此薬を人用ゆれば貧窮難儀《ひんきゅうなんぎ》になる事たちまちなる毒薬にて、諸人にくみきらうといえども、この薬日々に繁盛し、買いにくる人門前に市をなす、

◎翁此噂《おきなこのうわさ》を聞きてあまりに不審《ふしん》の事におもい、此カネモウカルを売るへ至りて、主《あるじ》に問うて曰く、

此家の御薬は世の人皆、良薬なりと称すれど求める人まれ也、又此隣家のカネノウナルは世人みな毒薬也とにくみきらうといえども、求める人日々に盛ん也、是翁《これおきな》が不審なる所なり、委細語り聞かせ給え、

◎主《あるじ》答えて曰く、

我家の薬を良薬と知りて人用いず、隣家の薬を大毒薬と知りながら人好んで用ゆる事、是めずらしき事にもあらず、古語にも良薬口ににがく、毒薬口にあましといえり、昔も今も世の人皆おろかにして始終よきをよきとせず、一時の己《おのれ》がよき事をのみよきとする也、我家の薬は用ゆるに順いて次第次第に富貴に至り、名のごとくにカネモウカル事百発百中なる故に、人みな求めにはきたれども、さ

しあたりて、口に苦くて呑みにくいと毒忌養生の六ヶ敷《むずかしき》に誰もこまりて用いぬ也、

又用いぬも無理ならず、此薬味いずれも皆常人の歯ぶしにもたたぬ六ヶ敷《むずかしき》薬味のみ也、一子相伝の秘法なれど、今あからさまに翁《おきな》にかたり申すべし、

カネモウカルの薬法は、

倹約、堪忍、家業出精、正直、知足、実義、この六味を大にし、これに、柔和、謙遜、気量、発明、此の四味を加味し、これに慈悲《じひ》一片《ひとへぎ》入れて、煎じようは常の通りの人の人たる道を守り、よく呑みこんで、腹におさめ、常に用いて身にたもてば、万病を治す妙薬なり、いかなる難病も速やかに全快すること疑いなきに、これを用いずして隣家の毒薬を服して亡ぶと誠にかなしきことにあらずや、

翁《おきな》ついでに聞きたまえ、隣家の売薬カネノウナルの薬法は、美食、色欲、遊所、おごり、口論、吝嗇、無慈悲なるを常に酒びたしにし、一味なめたところで口あたりもよく、気を晴らし、おもしろく前後をわすれて、身も楽なように覚《おぼ》ゆる故、人にもすすめて是をのまし、

ともによろこび楽しむうちに、薬毒節季節季にしみわたり、大病必死難渋の症となる、名にちがわぬカネノウナルの運気となり、その毒功を知りて、なげき悲しむともさらにかいなし、

これも、世の中は貧乏と困窮を望む者多くして、富貴出世を好む者は至《いたり》てすくなき故に、隣家の毒薬カネノウナルを日ましに買う人多く、我方の良薬カネモウカルは売れゆき次第ににぶきなりつつあるなり、

◎翁《おきな》、主《あるじ》のこの話を聞きて大いに驚きて、早々に諸国遊覧を切り上げ、尻に帆かけて帰国いたした。

翁、皆々に向いて曰く、貴様方も、カネノウナルの薬はせんじ薬のかすとてもねぶりたまうな。

しかして、開運出世を実にしたくばカネモウカルの良薬を日々につつしんで服すべし、と申し述べたり。

◎さて、四ッ兵衛がうしろの方より大小をさすがに武士の行儀正しく、翁の前に両手をつき、

拙者《せっしゃ》は守理堅固兵衛《まもりけんごひょうえ》と申す者、先刻から御示《おんしめ》しのカネモウカルの良薬をおよばずながら常に用い立身出世致したし、

しかしながら拙者ごときの柔弱者は、後《のち》にはよいとは知りながら、まず呑みにくくにがいので、はじめのほどは難儀すべし、何卒々々《なにとぞなにとぞ》此薬を用ゆるに用い安きを伝授したまえ、

◎翁《おきな》の曰《いわ》く、

足下至て篤実にて誠に出世すべき人也、かの良薬を心安く呑みよき伝授を致すべし、

むかしむかし地獄の主《あるじ》閻魔《えんま》大王けんぞくをあつめて曰く、此地獄年々に衰微せし、その上に近来信州善光寺の如来が諸国をめぐり給《たま》うて、めったむしょうに安うりして御印文《ごいんもん》をいただかせ給《たま》う故に、此印文を一寸《ちょっと》でもいただく者は、仏となりて此《この》土地へはこぬ故に此通りの不景気なり、

此《この》まま成りゆかば朝夕けぶりを釜にたてかね、剣《つるぎ》の山も三途《さんず》の川も近年には田畑となして、百姓にてもせずば喰えまじとなげかるるに、赤黒のまだら鬼すすみ出て申しけるは、

大王少しもあんじ給うな、我善光寺の宝蔵にしのび入り、御印文をぬすみとり大王に差し上げなば、此以後仏となるもの少く、此地へ来る者多かるべし、

閻魔大王大いによろこび此言《このことば》に順《したが》いける、まだら鬼はふんどし引きしめ身がるに出立《いでたち》、善光寺の宝蔵になんの苦もなくしのび入り、御印文をうばいとり、口にくわえて忍び出、有難し有難し。

是さえあればわが大王の大望成就かたじけなしと、両手に持ちておしいただきしが、御印文の事なればいただくひょうしに、この鬼もすぐに仏に成りしとかや、

此はなしにて考えてみたまえ、まだら鬼は夢にも仏になる気はなけれども、御印文に近よりし其徳にて、おもわず鬼畜の苦悩をのがれついに仏果を得たる也、

昔神農《しんのう》が薬草にてつくり給いし人形に、病者おもてをあわす時は自然に病《やま》いえしとかや、

朱にちかよれば赤うなる、墨にまじわればくろくなる、唯《ただ》よき人に近よりてしたしくすれば、我は呑むとは思わねど、いつとはなしに良薬をしんどもせずくろうもなく、カネモウカルをのまされてしまう故に、立身出世をするものなり、

又此うらにてあしき人に近より、あしき友を友とすれば、我も知らずいつとなくカネノウナルの毒薬をのまされて身を害する也、

此道理を合点して、かの良薬を呑まんとおもう心切ならば、善き

人に近よりしたしみよき友のたすけを得たまうべし、是《これ》良薬の呑みやすき伝授でござる。

◎守理堅固兵衛伏《まもりけんごひょうえふ》して曰く、

お示しの段よくよく納得つかまつってござる。この上は善き人にしたしみ、その仁の徳をもって良薬を服用する所存。

◎翁の曰く、

これは誠によき思い入れ、そのお覚悟で、カネモウカルを日夜服用するなれば、日ならずして立身出世は疑いなき所、貴殿のさきゆきは万万蔵ときわまってござる。

（上巻終り）

還暦を過ぎた頃から、つくづく思うことがあります。

それは、出会った大勢の人々の中には、どこか魅力ある人間と、まったくつまらない奴がいる。それは、年がいけばいくほど顕著になる、ということです。

言い換えれば、私の好きなタイプと、嫌いなタイプということの裏返しなのかもしれませんが、とにかく、会っていて、退屈な人物と、退屈しない人物がいることは事実です。

特に、退屈するタイプには、優秀で立派であることをもって、最高に尊敬すべき人物であると信じて、自分がそうなりたくて、現実社会で目茶苦茶に頑張っております。そして、つまらない奴になってしまっています。

そうかと思うと、学校を中途退学して、何かの商売を始めて、大儲けした男がいます。また、絵描きになって、ずいぶんと有名になった者もいます。

その反対に、一生懸命頑張って芸大には入ったが、卒業後まったく鳴かず飛ばずというのもいます。

何も中途退学したから成功したというわけではないんですが、結果は、真面目一生懸命の方が負けてしまっています。


ただ、ここで言えることが一つあります。

それはこの場合、勝者となったのは、プラス思考でしかも性質が明るかった、ということなんです。

そして、真面目で頑張り屋だった敗者は皆一様に暗く、気分が不平屋であったのです。部下に対して、取引先に対して、友人に対して、奥さんに対して、親類縁者に対して、勢い、皆に対して感謝の気持ちが皆無のようです。

私が人生を見回すかぎり、敗者の最大の原因は、陰うつな不平屋であることでした。つまり、敗者は陰うつで不平屋なるが故に敗れる。

そうです、重要なのはこの点にあります。すなわち、勝利は常に陽明なる者の上に輝いたのです。

皆さん、どうも、人生における、成功不成功の原因は、才能とか努力の多寡《たか》にあるのではなく、一口に言って、それは「気分の在り方」にあるようです。

それに気がついたのが、還暦も過ぎてからでした。まさに遅きに過ぎた感なきにしもあらずなのです。

だが、なあにまだまだ遅くはない、それと気がついた今からでも、わが人生の立て直しにとりかかりましょうか！

最近、古い雑誌を見ているうちに、ふと、岡本かの子（歌人・小説家）の言葉を見つけました。そこにはこう書いてありました。

「人間はさとるのが目的ではないです。生きるのです。人間は動物ですから」

いかにも、かの子らしい、人間のきれいごとを皮肉に見放したところのある一文であります。

人間的な理想を求めつつも、もがきながら生きている、彼女の姿を見るようです。

「さとり？　そんな悠長《ゆうちょう》なことを求めているヒマはない。なにしろ、私は生きるのに忙しくて、一生懸命なんですからね」

そんなことを、彼女は言いたかったのでしょうか？　ここを読んで、「人間は生きることと、考えることのはざまで、この両方を上手にあんばいしながら生きなければならないんだなあ」と思いました。

では、そのあんばいは、どうすれば良いのでしょうか？

「それは、何かの希望を持ち、かつ、それを失わないこと」です。すなわち、「人間生きるとは、何か希望を抱き続けることではあるまいか？」

それがどんな希望であろうとも、その内容は問うところではない。

またそれが叶《かな》う叶《かな》わざるも同じく問うところにあらず、必要なのは、その希望を抱き続けることに他ならないのです。

このような思いは、私の心の中で、だんだんに増大し、やがてそれは確信に近いものに変化していきました。

さて、こんな考え方をするようになったのも、私の年齢が老境に入り、櫛《くし》の歯を挽《ひ》くごとく、古い知人が世を去っていくという幾つかの訃報に接したからなのです。

こうして、昨今到達した私の結論は、次の一語となりました。

「良く生きるとは、死の直前まで、希望を失わないことだ」

こうして、現在、私の最も欲しているのは、「良い気分で生き続けること」これじゃあないかな、とそんな気がします。

では、そんな気分とはどんな気分なのでしょうか？

それはどうということもない、

「ラクで楽しく生きること」

と、この言葉に集約されているような気がするのです。

すなわち、

「坊主のさとりも、賢人の教えも、そんなことは、もうどうでもいい。わが残りの人生は、でき得れば、ただラクで楽しく生きたいな」と思うようになったのであります。

私はこれからの人生を、すべてこれにのっとって生きていくつもりです。

こうすることによって、悔いのない残りの人生が得られるかどうかはわかりません。

でも、少なくとも、今がラクなことが私にはベストなんです。

何にせよ、苦労でつらい人生は敬して遠ざけたいもんですな。そして、ナウ・アンド・ヒアを楽しく生きたいんです。

最近つくづく思うのは、「楽《らく》は苦《く》の種《たね》、苦《く》は楽《らく》の種《たね》」という諺《ことわざ》です。こりゃ嘘です。

これはこう換えるべきだと思います。

「楽《らく》は楽《らく》の種《たね》、苦《く》は苦《く》の種《たね》」

だってそうじゃありませんか。ハッピー・タイムに感謝してこそ、ハッピー・ライフが生まれるんじゃありませんか。

とにかく人生、プラス思考で切り抜けなきゃなりませんぞ！

無能唱元

参考文献

『新史太閤記』(上)(下) 司馬遼太郎　新潮文庫
『本田宗一郎の人の心を買う術』
　城山三郎　河島喜好　西田通弘　藤原弘達ほか　プレジデント社
『ホンダ伝』井出耕也　ワック
『経営に終わりはない』藤沢武夫　文春文庫
『道は開ける』D・カーネギー　創元社
『人を動かす』D・カーネギー　創元社
『図解雑学　豊臣秀吉』志村有弘　ナツメ社
『百歳の青年二人大いに語る』物集高量　致知出版社
『幸福の科学的すすめ』対談　藤井康男・無能唱元　雑誌『致知』一九八四年十月号
『かねもうかるの伝授』脇坂義堂

著者　無能唱元《むのうしょうげん》氏について

二十年にわたって、独自の「人蕩術《じんとうじゅつ》」を説き、自分の思い描く夢や願望を確実に達成する方法を指導する異色の師。「おかげで、年来の夢がついに実現した」、「魅力あふれる顔になってきたとよく言われる」、師はいつも、陽気な人生の成功者たちに、囲まれている。

十五年間の参禅修業中に、「自分の人生の成功や幸福はすべて自分の潜在意識『アラヤ識』が創りだすもの」という悟りを得て、飛騨の円空庵禅通寺小倉賢堂師より「唱元」の法名を授かる。その後、数多くの仏典や西洋哲学、心理学を学び、「アラヤ識」を活用した「人蕩術」という、これまでにない願望達成法を完成、全国の説法会を通じて悩み多い人々に、一宗教を超えた「積極的で成功する生き方」を指導。特に経営者層に人気が高く、人生哲学、リーダー学の師として敬愛された。

唯心円成会を主宰、主な著書に「得する人」「盛運の気」「新説阿頼耶識縁起」「無能唱元説話集」、ＣＤ「無能唱元の阿頼耶識講義」「無能唱元の『般若心経』を読む」他多数。昭和十四年、長野市生まれ。平成二十三年逝去。

人蕩《ひとたら》し術《じゅつ》（新装版）

定価：本体　九、八〇〇円（税別）

二〇〇五年十二月　二　日　初　　版発行
二〇一六年　七月　九　日　二十一　版発行
二〇一八年　七月　三十日　新装版初　版発行
二〇二四年　十月二十三日　新装版十五版発行

著　者　無能唱元
発行者　牟田太陽
発行所　日本経営合理化協会出版局
東京都千代田区内神田一―三―三
〒一〇一―〇〇四七
電話　〇三―三二九三―〇〇四一（代）

装　丁　美柑和俊
印　刷　精興社
製　本　牧製本印刷

 ISBN978—4—89101—401—8　C0010